KB176693

내 아이
바보
만들기

박영해 지음

가나북스

내아이
바보
만들기

2017년 2월 15일 초판 발행

지은이 박영해
펴낸이 배수현
디자인 유재헌
홍 보 배성령
제 작 송재호
펴낸곳 가나북스 www.gnbooks.co.kr
출판등록 제393-2009-12호
전 화 031-408-8811(代)
팩 스 031-501-8811
ISBN 979-11-86562-49-9(03370)

상상했던 것 보다 육아가 힘들어
뛰쳐나가고 싶은 순간들이 많았다.

남들 다 키우는 애
나만 힘들다고 징징거리나 싶지만
초보 엄마에겐
여느 하루도 호락호락하지 않았다.

뭐가 이렇게 힘든 건가.
도대체 어찌 키워야 하나.

답답하고 막막하기만 했다.

내 실수를 반복하고 싶지 않아서
육아서를 잡았다.

내 마음을 있는 그대로
바라보고 인정하는 연습을 할 수 있었다.
불안과 욕심을 하나씩 내려놓을 수 있었다.
서툴지만 배우며 깨쳐가는 시간이었다.

그렇게 10년의 시간이 지났다.
돌이켜 보니 참 서툰 엄마라도,
아이에게 엄마는 세상 그 자체였다.
아이는 내 말투와 눈빛, 행동 하나 하나를
다 흡수하며 자라고 있었다.

아이를 제대로 키우고 싶어 노력한 시간들이
오히려 나를 키웠다는 걸 알게 됐다.

" 때로는, 엄마가 아이를 망칩니다 "

아들 둘을 키우는 서른 여덟 워킹맘이다. 아이를 낳기 전까지는 내가 우아하고 배려 깊은 엄마 역할을 잘 해낼 것 같았다. 아이를 어떻게 키울지 늘 많이 생각했었고 장밋빛 청사진을 그려왔었다. 하지만 첫째를 낳은 지 불과 얼마 지나지 않아 내 바닥이 보이기 시작했다.

상상했던 육아의 성스러움 같은 건 느낄 수 없었다. 기대했던 우아스러운 엄마는 그 어디에도 없었다. 지루하게 반복되는 매일이 피곤하고 힘이 들어 순간순간 짜증이 솟구쳐 올랐다. 어떤 날은 내 화를 스스로 감당 못해 아이에게 쏟아내기도 했다. 눈물로 얼룩진 얼굴로 잠든 아이 볼을 만지며 뒤늦은 후회와 죄책감에 괴로워하기도 했다.

생각했던 것 보다 육아가 힘들어 뛰쳐나가고 싶은 순간들이 수시로 있었다. 남들 다 키우는 애, 나만 힘들다고 징징거리나 싶기도 했지만 초보 엄마에겐 여느 하루도 호락호락하지 않았다. 뭐가 이렇게 힘든 건가. 도대체 어찌 키워야 하나. 답답하고 막막하기만 했다.

나는 타고난 좋은 부모, 배려깊은 사랑을 가진 엄마가 아니었다. 아이를 온전히 품기에는 내 마음 그릇이 작다는 걸 진작 알았다. 바람 부는 대로 배를 모는 선장처럼, 되는대로 키우다가는 귀한 내 아이를 내가 망칠지도 모른다는 생각이 들었다.

절박한 마음에 육아서를 잡았다. 내 실수를 반복하고 싶지 않아서 육아서를 놓지 못했다. 새벽까지 줄을 쳐가며 읽어가곤 했다. 단 몇 장이라도 읽으면 분명 그 다음 날 하루는 괜찮은 엄마 역할을 해낼 수 있었다. 한 권을 읽고 작심 3일면 3일 뒤에 또 한 권을 읽으며 버텼다.

그렇게 쌓인 한 권 한 권의 육아서가 내게 엄마 선생님이 되어줬다. 책을 읽는 동안 내 마음을 있는 그대로 바라보고 인정하는 연습을 할 수 있었고 조금씩 내 감정을 다스릴 수 있게 됐다. 아이를 향한 불안과 욕심도 하나씩 내려놓을 수 있었다. 서툴지만 배우며 깨쳐가는 시간이었다.

엄마라면 누구나 내 아이가 행복하게 자라기를 바란다. 자존감 높고 타인의 시선에 얽매이지 않은 자유로운 영혼의 건강한 아이로 자라기를 바란다. 하지만 과연 생각만큼 결과도 좋을까?

자신의 마음을 가만히 들여다보자. 기왕이면 공부도 잘하면 좋겠고, 남들보다 뒤쳐지면 안 된다고 생각한다. 아이를 잘 키우고 싶은 마음으로 뭐든 해주며 공을 들이지만 그 방법이 잘못된 경우가 많아서 오히려 아이는 점점 바보로 커 가기도 한다. 아이를 키움에 있어 정답은 없지만, 바보로 만드는 분명한 오답은 있다는 걸 알았다.

이 책에서는 가장 분명한 그 오답들에 대한 이야기를 한다. 책에서 소개하는 내 아이를 바보로 만드는 행동은 나를 비롯해, 내 주위의 엄마들이 흔히 하는 행동들이다. 모르는 사이에, 혹은 알면서도 순간순간.

지금 나의 사소한 행동들로 내 아이의 자존감이 낮아지고, 타인의 시선에 이리저리 휘둘리는 약한 내면을 갖게 된다면 어떨까? 어릴 때부터 가슴 밑바닥을 불안과 조급함으로 채우고 살아가게 된다면? 무심코 흘려보낸 시간들이 뒤늦은 후회가 되지 않길 바라는 마음으로 이 글을 썼다.

아이를 낳아 키우며 엄마 공부를 한 지 10년이 지났다. 돌이켜 보니, 참 서툰 엄마라도 아이에게 엄마는 온 세상이고 우주였다. 아이는 내 말투와 눈빛, 행동 하나 하나를 오롯이 다 흡수하며 자라고 있었다.

아이를 키우는 동안 엄마도 함께 성장하지 않는다면 때로는 엄마가 아이를 망칠 수 있음을 비로소 알았다. 아이 하나 잘 키워보겠다는 욕심으로 아이에게만 몰입하면, 아이와 엄마 모두에게 독이 될 수 있다.

아이가 클 때 엄마도 같이 커야 아이와 엄마 모두가 건강해질 수 있다. 엄마와 아이가 같이 성장할 수 있는 것 또한 육아의 놀라운 힘이다. 아이를 조금 더 잘 키우기 위해 노력하고 배우는 과정에서 어쩌면 엄마가 더 성장하게 될 것이다. 부족한 엄마라도 그 부족함을 채우기 위해 노력하는 엄마의 모습을 보며, 아이는 스스로 커갈 힘을 배운다.

문제 아이 뒤에는 문제 부모가 있다는 말이 있다. 아이를 잘 키우고 싶다면 지금 엄마인 나를 보자. 어차피 아이는 부모의 마음, 생각, 행동을 고스란히 받아먹고 자란다.

지금부터 아이를 바보로 만드는 엄마에 대한 이야기를 할 것이다. 다소 불편할 지도 모르겠다. 하지만 아프자고 하는 이야기가 아니다. 대부분은 내가 겪은 시행착오들과 그 과정에서 깨친 나의 이야기들이다. 부끄러운 날 것 그대로의 내 경험을 나눔으로 많은 엄마들이 나와 같은 실수를 반복하지 않길 바란다. 아이를 잘 키우고 싶은 지혜로운 엄마들의 시행착오를 줄이고 아이와 함께 건강하게 성장하는 데 작은 보탬이 되길 마음 다해 간절히 바란다.

목차

Chapter 01

화풀이 교육

만만한 건
내 아이 뿐이다.

1. 화를 대물림하는 엄마

바쁜 아침 출근시간. 이것저것 챙기느라 평소보다 시간이 늦어졌다. 마음이 급하다. 그런데 첫째가 소변을 보다가 바지에 묻었다고 울상이다. 살펴보니 내복까지 젖었다. 벌써 두 번째다. 그저께도 목욕하고 새로 입은 내복이 소변에 젖어서 다시 갈아입게 했다. 남자 아이들은 고추가 달라붙어 있는 상태에서 소변을 보면 이런 일이 종종 생긴다. 며칠 전 저녁에는 별말 않고 새 내복을 꺼내줬다. 하지만 바빠서 종종걸음 치는 아침에 또 그런 실수를 하니 순간 짜증이 올라온다. 둘째가 그랬다면 어리니깐 그럴 수 있다고 생각했을 거다. 초등학교 2학년이라는 녀석이 그러니 어이가 없다.

'에잇! 바빠 죽겠는데!'

소변볼 때 조심하라고 도대체 몇 번을 말했냐며 한바탕 잔소리가 입 밖으로 터져 나오려고 한다. 다행히 '다중이 감지 시스템'이 동시에 작동해 입을 틀어막는다.

'실수한 거잖아. 별거 아니다. 몰아세우지 말자'

우리 집에는 나를 제외하고 남자만 셋이다. 소변 볼 때 조금만 주의를 기울이지 않으면 변기 밖으로 튀어나와서 찌든 때가 변기 주변에 수시로 껴있다. 심지어 앉는 자리도 그렇다. 나는 제발 좀 앉아서 볼 일 보라고 말 하지만 남편은 그 자세(?)는 남자의 자존심이 허락하지 않는다고 한다. 조준을 못해 옷에도 소변을 묻히는 일이 종종 있다. 그런 일이 반복될 때면 사실 짜증난다. 몇 번을 이야기해도 안 고쳐질 때는 더 그렇다.

하지만 아이의 행동에 대해 단호히 이야기하는 것 이상으로 화를 내고 내 감정을 쏟아낼 때가 있었다. 행동에 대한 교정보다 내 감정을 퍼붓는 식이었다.

육아의 성스러움 같은 건 애당초 없었다.

첫째가 어렸을 때는 그런 감정 조절이 참 어려웠다. 아이를 낳기 전까지는 내가 엄마가 된다면 아이를 꽤 잘 키울 거라고 생각했다. 하지만 첫째를 낳은 지 얼마 되지 않아 모든 게 적나라하게 보이기 시작했다.

일례로 나는 아이를 낳기 전부터 모유수유의 이점을 충분히 공감했었다. 아이를 낳으면 당연히 품에 안고 수유하며 아이와 교감을 나누는 아름다운 장면을 상상해왔다. 하지만 현실에선 아무리 노력해도 직접수유가 되지 않았다. 빨아도 젖이 안 나오니 아이는 밥 달라고 악을 쓰며 울어댔다. 수유 때마다 갓난쟁이를 안고 씨름하느라 땀과 젖으로 옷과 등짝이 흠뻑 젖고 어깨는 내려앉을 거 같았다. 지금 생각하면 전문가의 도움이라도 받았을 걸 싶다. 하지만 그 때는 뭘 몰라서 혼자서 몇날 며칠을 끙끙거리다 결국 젖몸살이 난 상태로 유축기를 사용했다. 새벽마다 쉭쉭거리며 돌아가는 유축기의 기계음을 들으며 젖병에 모유를 짰다. 깔때기를 양 가슴에 대고 유축기 펌프질로 젖을 짜는 난 사람이 아닌 것 같았다. 소의 젖 짜는 모습 그대로였다. 수치심이 나를 덮었다. 자존감 떨어뜨리는 데는 유축기 수유만한 게 없다는 생각이 들었다.

상상했던 육아의 성스러움 같은 건 느낄 수 없었다. 내가 기대했던 우아스러운 엄마는 그 어디에도 없었다. 새벽에 몇 번을 일어나서 짜고 또 젖병에 옮겨서 먹이고 짜고 옮기고 하며 쪽잠을 자다 깨다 반복했다. 아침을 맞을 때는 내가 다 꺼져버린 듯 했다. 멍하니 있다가 젖이 새어나와 축축해진 티셔츠 위로 눈물이 후두둑 떨어졌다.

육아는 상상했던 그 이상으로 품격이 떨어졌고 고단함의 연속이었다. 나는 점점 예민해져 갔다. 그렇다고 갓난쟁이에게 내 스트레스를 풀 수는 없었다. 그 때 나의 희생양은 주로 남편이었다. 남편에게 잔소리를 하고 화풀이를 했다. 사사건건 마음에 안 들었고 서운했다. 남들 다 키우는 애 하나 키우면서 왜 그렇게 힘들다고 짜증을 냈던 건지 그때는 잘 몰랐다. 육아가 너무 고단해서 날카로워졌을 뿐이라고 생각했다. '내 성격이 까칠한 면이 있구나' 라고만 생각했다. 하지만 나중에야 비로소 알게 됐다.

내가 화를 대물림하고 있었다는 것을.

잘못된 연결고리

아버지는 무척 엄하셨다. 어릴 때 나는 작은 잘못에도 눈물이 쏙 빠질 정도로 호되게 혼이 났다. 훈육을 이유로 매질을 하시거나 하진 않으셨지만 아버지는 모진 말을 하실 때가 많았다. 그런 말을 들으면 억울할 때도 있었지만 단 한 번도 말대꾸를 하거나 대들진 못했다. 어릴 때 내게 아버지는 세상에서 가장 무서운 존재였다.

아버지는 아주 어릴 때 부모님 모두를 여의고 나이 차가 많이 나는 큰 형님 댁에서 자라셨다. 딸린 혹이 불만이셨던 형수님의 매질과 구박으로 서러운 유년의 기억을 갖고 계셨다. 그 때문인지 당신의 자식들에게도 살갑지 않을 때가 많으셨다.

가부장적이고 권위적인 아버지 밑에서 혼나는 게 싫었던 난 어렸을 때부터 대체로 고분고분한 편이었다. 크면서 큰 사건 사고 한 번 일으키지 않았다. 엄마 말로는 이렇다 할 사춘기도 없이 컸다고 한다. 엄격한 훈육 덕분인지 우리 동네에서 나는 나름 '범생이' 소리를 들으며 모든 일에 순종하며 자랐다. 큰 문제없이 안정적인 직장에 취업했다. 성실한 남편을 만나 결혼 생활도 비교적 일찍 시작했다. 남들 보기에는 별 부족함 없어 보이는 생활일지도 모르겠다.

문제는 아이를 낳고 나서부터 드러났다. 권위적이고 통제적인 아버지 밑에서 자란 나는 어느새 그런 마음으로 아이를 바라보고 있었다. 아이의 서투름이 답답해서 기다려주지 못했다. 차라리 내가 대신 해주며 간섭하고 싶은 마음이 수시로 들었다. 내가 정해놓은 틀 안에서 아이를 키우려 했고 남편도 맞춰주길 요구했다. 아이가 심한 고집을 부리거나 잘못을 하면 필요 이상으로 짜증이 올라오곤 했다. 아이가 서툴고 부족한 것이 당연한 건데 너그러운 마음으로 이해해주기가 유난히 어려웠다.

순간을 참지 못하고 아이에게 화를 쏟아낼 때도 있었다. 내가 정신병자가 아닐까 싶을 정도로 아이를 몰아 부칠 때도 있었다. 화가 1분 이상 넘어가면 분노라고 한다. 난 분노했다. 그러고 나면 미안함과 죄책감으로 너무 힘들었다. 눈물이 채 덜 마른 얼굴로 웅크려 자고 있는 아이 얼굴을 보고 있으면 눈이 뜨거워졌다. 자는 아이의 손을 잡고 미안하다며 사과했다. 아무리 생각해도 그렇게까지 화를 낼 일이 아닌데 난 도대체 왜 이럴까. 부모 자격이 없다는 자괴감에 괴로웠다. 퍼부을 때는 언제고 자는 아이의 손을 잡고 뒤늦게 후회하며 우는 내가 소위 말하는 다중인격자 같았다.

마사 하이네만 피퍼의 『내적불행』에서는 우리가 성인이 되어서 인간관계, 직장생활, 결혼생활 등 대부분의 상황에서 마주하게 되는 갈등, 불안, 불행의 원인은 어린 시절 위압적이면서 무관심하고 사랑 표현에 인색한 부모님 아래에서 살아남기 위한 생존의 필사적 방법으로 스스로 키워온 '내적 불행'에 기인한다고 말한다. 이는 사람이 원하는 삶을 살지 못하도록 방해하고 결심한 것을 끝까지 밀고 나가지 못하게 만드는 내면의 부정적인 힘이 된다고 한다.

결국 나는 아버지가 그러했듯 나 또한 내 아버지의 훈육 방식을 되풀이하고 있었다. 내 화가 어릴 적 겪은 부정적 경험 때문이라며 아버지 탓으로 돌리려는 것이 아니다. 어릴 때 부모님께 혼 좀 나고 큰 게 뭐 그리 대단한 상처라고 내 실수의 변명거리로 삼으려는 것도 아니다.

하지만 내 무의식에 잠재된 내적 불행의 연결고리를 빨리 깨닫지 않으면 계속해서 화를 대물림하는 악순환을 겪게 된다는 것은 확실하다. 자신이 상처 받았다는 사실을 인지하지 못하면 똑같은 상처를 무의식중에 아이에게 대물림하게 된다. 아이의 상처를 어루만져 줄 생각조차 하지 못한다.

내 감정 알아채기

나는 아이를 낳아 키우며 비로소 내 안에 화가 있다는 것을 알았다. 그리고 그 근원적 이유를 여러 책을 읽으며 비로소 알아갔다. 그걸 깨닫고부터는 어릴 때 겪은 내 경험을 아이에게 물려주고 싶지 않았다. 혼나기 싫어서 순종적이고 착한 아이로 커온 답답했던 내 마음을 아이에게는 느끼게 하고 싶지는 않았다.

내 감정을 알아가는 연습을 했다. 마음을 인정해주고 스스로를 안아줬다. 무엇보다 내 감정 돌보기를 우선했다. 그러면서 조금씩 내 행동에도 변화가 생겼다. 감정이라는 건 인지하는 것만으로 상당 부분을 다스릴 수 있었다. 감정을 속이거나 숨기지 않고 있는 그대로 인정하고 바라봤다. 순간 나도 모르게 짜증이 나고 화가 솟구칠 때면 생각한다.

'아이고, 내가 또 화가 나는구나. 내 문제로 아이와 남편을 괴롭히려고 하는구나'

부당한 상황이나 누가 나에게 해악을 끼쳤을 때 내는 '화'는 건강한 감정 표현 중 하나이다. 이런 감정까지 모두 억누르라는 말이 아니다. 문제가 되는 건 주체할 수 없는 필요 이상의 화, 즉 분노다. 특히, 아이와의 관계에서 이 분노는 아이와 나를 모두 망가뜨리는 파괴적인 감정이다. 그걸 제대로 직시해야 된다. 화는 대물림되어서는 안 된다. 내 안에 숨어있던 화를 깨닫고 그 대물림의 연결 고리를 끊어내야 된다.

아무리 육아가 고되고 지친다하더라도 화가 1분 이상 지속되는 경우가 많다면 원인이 있다. 내 감정이 아이에게 어떤 영향을 미칠 것인지 냉정하게 생각해보아야 한다.

수시로 터지는 부모의 화와 잔소리 속에서 아이가 억눌려 지내다가, 어느 순간부터 매사에 필요 이상의 분노를 터트리는 사람으로 크게 된다면? 상상만으로도 끔찍한 일이다.

2. 아이는 엄마 감정의 배출구

아이는 내 화풀이 대상인가?

"저 인간은 정말 영혼 탈곡기야. 우리 영혼만 좀 먹는 게 아냐. 내가 이런 기분으로 집에 들어가니 그 스트레스 때문에 애한테도 성질내고, 정말 우리 가족 전부한테 암적인 존재야!!"

직장에서 상사한테 무참히 깨지고 온 직장동료가 말한다. 옆에서 듣고 있던 여직원은 자기가 어제 아이한테 퍼부었던 것도 직장에서 스트레스를 심하게 받았기 때문이라는 비겁한 자기합리화를 해본다. 썩 개운하지는 않지만 동조행동에 조금 위안도 되는 기분이다. 잘못의 원인을 자신한테 두지 않고 원망의 대상을 정해놓고 그 곳에 책임을 떠넘기니 아이에 대한 죄책감도 슬그머니 덮이는 것 같다.

우리 주위엔 나를 괴롭히는 많은 요인들이 있다. 입만 열면 자랑질을 일삼아 배 아프게 만드는 친구나, 영혼까지 털어버리는 직장 상사나 동료, 순식간에 멘탈을 흔들어놓는 시월드 식구들, 도저히 남의 편인지 남편인지 구분하기 힘든 큰 아들 같은 남편 등. 이유야 어찌됐든 내가 아닌 다른 사람에게 내 마음을 맡겨두고 그 사람들이 흔드는 대로 이리저리 흔들리며 괴로워하게 되는 경우가 많다.

다른 곳에서 상처받아 생긴 화를 제 3의 화풀이 대상, 특히 가장 힘없는 내 아이에게 터뜨리는 실수를 많이 한다. 법륜 스님 말씀처럼 "그 사람 입장에서는 그럴 만도 하겠다"는 마음은 평범한 자신한테는 해당사항 없다고 생각한다. 억울하고 화나는 감정을 흘려보낼 길을 찾지 못하고 고스란히 집으로 가져와서 터뜨리곤 한다. 집이 가장 편하면서 만만하기 때문이다. 그러고 나면 죄책감에 '내가 그랬던 건 그 망할 XX 때문이야!'라며 자신의 실수를 정당화시키기까지 한다.

엄마가 그렇게 아이를 잡은 날, 아이는 어떤 빌미를 제공했을지도 모른다. 출근 전 정신없이 바쁜 아침에 준비물을 얘기한다던가 하는 사소한 실수도 이미 화를 품고 있는 엄마에게는 충분한 이유가 된다.

"내가 준비물은 미리미리 얘기하라고 몇 번을 얘기했어!"

"넌 도대체 생각이 있는 애야 없는 애야?! 어? %@$##%!"

준비물 그게 무어라고 아이를 쥐 잡듯 잡는 엄마. 순식간에 생각 없는 무뇌아가 되어 엄마 앞에서 기죽어 있는 아이.

이런 일이 한두 번이 아니라 반복적으로 일어난다면? 아이 스스로 생각하기에 그리 큰 잘못이 아닌데도 과하게 혼이 나거나, 부모가 감정적으로 폭발하는 모습을 보면 아이는 버림받을지도 모른다는 불안을 느끼곤 한다. 그 때의 불안은 마치 벼랑 끝으로 내몰리는 공포와 맞먹는다고 아동심리 전문가들은 말한다.

부모가 자기 감정의 배출구로 아이를 대한다면 아이는 부모에게 받은 감정 그대로를 또 다른 누군가에게 그대로 퍼붓게 된다. 아이는 자기가 살기 위해 본능적으로 그렇게 한다. 그 대상은 주로 자기보다 약한 동생이나 친구다. 동생을 심하게 때리면서 감정을 폭발시킨다. 실제로 주위를 보면 동생을 때려야만 직성이 풀리는 아이들이 있다. 혹은 학교에서 잦은 폭력을 행사하며 억눌린 감정을 분출하기도 한다. 자기보다 약한 친구를 교묘하게 왕따 시키는 데 앞장서는 아이들은 대부분 내면에 화를 품고 있기 때문이다.

그렇게 남을 공격하지 않으면 끊임없이 자책하며 스스로를 괴롭힌다. 심해지면 자폐로 이어지기도 한다. 이렇게 큰 아이들은 부모가 되어 또 다시 자신이 받은 상처를 고스란히 그들의 아이에게 대물림하게 된다.

이 또한 지나가리라.

『미드라쉬(Midrash)』에 유명한 '다윗왕의 반지' 이야기가 있다. 다윗 왕이 싸우는 전쟁마다 승승장구하며 이기자 왕이 궁중 세공인을 불러 명령을 내렸다.

"나를 위한 아름다운 반지를 하나 만들어라. 반지에는 내가 큰 승리를 거두어 기쁨을 억제하지 못할 때 그것을 차분하게 다스릴 수 있는 글귀가 새겨져야 한다. 또한 내가 절망에 빠졌을 때 용기를 줄 수 있는 내용이어야 한다"

궁중 세공인은 반지를 완성했지만 세겨 넣을 글귀가 도무지 생각나지 않았다. 솔로몬 왕자를 찾아가 답을 구한 세공인은 이 글귀를 새겼다.

"이 또한 지나가리라(It shall also come to pass)"

첫째가 올해 열 살이다. 불과 몇 해 전까지 늘 내 등에, 내 다리에 늘 달라붙어 있었다. 심지어 화장실 갈 때는 물론이고 집 안에서 이방에서 저 방으로 옮겨 다닐 때도 무섭다며 나를 불러댔다. 하지만 요즘 첫째는 혼자만의 시간을 가지려고 한다. 이제는 방해받지 않는 자신만의 시간이 시간이 필요한 듯 보인다.

육아가 힘들다고 계속 한탄을 하고 있든, 그 시간을 온전히 즐기든, 아이의 어린 시절은 생각보다 금방 지나가 버린다. 내 아이의 시간은 두 번 다시 되돌아오지 않는다.

그렇다면 지금 당신이 살고 있는 오늘 하루는 어떤가. 직장에서 힘든 일이 있었다고 집에서 짜증난다는 소리를 입에 달고 있지는 않은가? 혹은 아이가 저지르는 실수와 난장판이 된 집안 꼴에 순간 끓어오르는 화를 주체하지 못하고 있는가?

감정이라는 건 인지하는 것만으로 꽤 많이 다스릴 수 있다고 앞서 말했다. 감정을 속이거나 숨기지 말고 그대로 인정하고 봐라보게 되면 내 감정도 객관화시켜서 볼 수 있게 된다. 하지만 현실적에서 모든 감정을 제어하기는 사실상 어려울 때도 있다. 나도 모르게 불의 화신이 되어 순간의 화를 뿜어버렸다면 어떻게 수습할 수 있을까?

감정은 풀어줘야 없어진다.

어느 날 저녁 아이 둘이 잘 놀다가 갑가지 무슨 일인지 첫째가 동생한테 버럭 화를 냈다. 무슨 일인가 싶어 돌아보니 둘째가 형이 정성껏 그린 그림을 발로 밟고 서 있었다. 동생이 일부러 형 그림을 발로 밟기야 했겠냐마는 제 형이 그렇게 소리를 지르니 자기도 오기가 생겼나보다. 형의 큰 소리에도 발을 움직이지 않는다. 결국 첫째는 그게 더 속이 상해서 "비키라고오~!" 하며 거의 울먹거릴 지경이었다. 안되겠다 싶어 내가 중재에 들어갔다.

"다일아, 형이 정성껏 그린 그림을 그렇게 발로 밟고 있으면 형 기분이 어떻겠어?"

말이 없다. 둘째 녀석이 금방 상대방의 입장까지 헤아려지지는 않나보다.

"다일아, 다일이가 좋아하는 레고로 멋지게 로봇 만들어 놨을 때 엄마가 실수로 부딪혀서 부서졌잖아. 그 때 다일이 기분 어땠어? 속상해서 울었지? 엄마 밉다고 막 그랬잖아. 다일이가 그렇게 형아 그림 밟고 있으면 형아 기분은 어떨 것 같아?"

잠시 아무 말 없던 녀석이 이내 "엄마 미워!"하며 울어버린다. 거기서 그치지 않고 괜히 내 팔을 툭툭 치며 심술까지 부린다. 그 정도 얘기했으면 됐다 싶어서 아이의 짜증을 모른 체 했다. 녀석은 엄마가 모른 체 하니 더 심술이 나는지 내 팔을 제법 세게 툭툭 치기 시작한다. 슬그머니 짜증이 올라와 아이의 팔을 꽉 움켜잡았다.

"조다일!"

사실 예전 같았으면 이쯤에서 짜증이 확 올라왔을 거다. 성을 붙여 아이 이름이 부르는 건 내가 이미 화가 많이 났다는 의미다. 그래도 다행인 건 요즘은 짜증을 터트리기 전 내 감정을 알아차릴 때가 많다. 한걸음 떨어져서 보는 습관이 들었다. 그렇게 나를 왓칭하면 스스로를 객관적으로 볼 수 있게 된다. 그럼 느낀다.

'워워~ 화 내려고? 진정해, 진정해.'

순간의 내 감정을 인지하는 것이다. 감정을 알아차린 순간 아이 팔을 움켜쥔 내 손에 힘이 풀린다.

"우리 다일이, 엄마가 형아 편드는 거 같아서 속상했지? 기분 많이 나빴어?"

평소 둘째 녀석은 조금만 자기 마음을 알아주면 "웅!" 하고 바로 대답한다. 방울진 눈물을 뚝뚝 흘리며 자동으로 고개를 까딱까딱

하는 녀석인데 그 날은 골이 잔뜩 났는지 말을 안했다.

"지금 얘기하기 싫나 보네? 그럼 저기 가서 앉아 있다가 엄마랑 다시 얘기하고 싶으면 와" 그러고 난 다시 집안일을 하기 시작했다. 한 십여 분 흘렀을까? 아이가 슬그머니 내게 다시 온다. 내 팔을 부드럽게 잡으며 말한다.

"엄마, 이제 화가 좀 풀렸쪄요~ 마음이 풀리는 거 가떼요~"

아, 나는 순간 둘째 녀석이 얼마나 예쁘고 사랑스러웠는지 모른다. 스스로 감정을 삭히고 마음을 푼 다음 내게 와준 녀석이 참 고맙고 기특했다. 꼭 안아서 볼록한 볼을 마구 문질렀다. 마음을 담아 칭찬을 해주었다. 그래도 사과는 하고 마무리해야 될 것 같아 형을 불렀다.

"우리 다일이 멋지네! 엄마가 혼내는 거 같아서 속상했을 텐데 이렇게 마음 풀고 올 줄 알고! 그럼 이제 형아한테 뭐라고 얘기하면 좋을까?"

"형아야 미안해...."

첫째는 내가 자기 마음을 공감해주고, 동생에게 이야기를 해줘서인지 이미 벌써 마음이 풀린 상태였다. 누군가 자기 마음을 알아주는 것 만으로 부정적인 마음은 대개 쏙 빠져나와버린다. 공감이란 그런 거다. 첫째는 동생이 사과하자마자 대수롭지 않다는 듯이 말했다.

"난 괜찮은데? 괜찮아~~~ 별거 아냐~"

방금 전까지만 해도 자기 그림 밟았다고 소리치고 울먹거리며 짜증내던 첫째 녀석이 금세 쿨한 척이었다.

감정은 풀어줘야 없어진다. 시간이 지나면 기억에서 흐려지긴 하나 무의식에는 아직 선명하게 남아있다. 무의식의 상처는 저절로 사라지진 않는다. 단지 기억하지 못할 뿐이다. 짜증나고 화가 난다고, 혹은 들추면 아프다고 그냥 시간 속에 덮어버리면 그 상처는 곪은 채 마음 깊숙한 곳에 고스란히 남아 있다. 그 상처는 한 사람의 열등감이 되어 내면의 자존감을 갉아먹으며 평생을 따라다니며 괴롭힌다.

아이의 경우를 생각해보자. 화내는 아이의 감정을 모른 체 하거나 성가시다고 윽박 질러버리면 아이 무의식 속에 상처가 남게 된다. 그 상처는 아이가 커서 비슷한 상황을 맞았을 때 불현듯 다시 나타난다. 자기가 받은 그대로를 또 다른 누군가에게 고스란히 되돌려준다. 지긋지긋한 상처의 대물림이고 악순환의 반복이다.

자신도 모르게 욱하고 화를 아이한테 뿜었을 때, 바로 사과를 못 했다면 지금이라도 사과를 하고 넘어가는 것이 좋다. 그게 내 뇌리에 미안한 기억으로 남아 있다면 아이의 무의식에도 상처로 고스란히 저장돼 있을 가능성이 높다. 그렇다고 너무 걱정할 필요는 없다. 되풀이하지 않으려 노력하는 것이 중요하다. 지금이라도 제대로 사과하고 넘어가자. 마음을 다해 사과하고 가슴을 쓸어 내려주면 아이는 아무리 어려도 다 안다. 엄마의 진심이 자기에게 와 있다는 걸. 진심을 느끼고 사랑의 감정이 전해지면 비로소 아이는 그 때 받은 상처로부터 벗어날 수 있다.

내 아이에게 그런 상처를 애초부터 주지 않을 수 있다면 가장 바람직하겠지만 엄마도 사람이다. 아이에게 실수할 수 있다. 물론 나도 했다. 했다면 지금 즉시 사과하자. 진심으로. 그리고 아이의 마음을 읽고 공감해주자. 엄마가 진심으로 자기 마음을 공감해주면 아이는 눈 녹듯 마음의 응어리을 풀고 건강하게 아이의 일상으로 돌아간다.

3. 밥 말아먹은 부모와의 관계

아이의 뇌도 망가뜨리는 불안한 부모와의 관계

초등학생 교사로 근무하고 있는 친한 친구가 있다. 그 친구는 지금 3학년 담임을 맡고 있다. 담임을 맡아 보면 유독 수업 시간에 집중을 못하고 학습 능력이 떨어지는 아이들이 있다고 한다. 그런 아이들은 알고 보면 대부분이 부모와의 관계에 문제가 있었다.

그 중 영우란 아이에 대한 이야기를 들었다. 영우는 또래 친구들과 달리 공부든 놀이든 도통 흥미하는 게 없었다. 심지어 담임이 불러도 멍하니 앉아 있는 경우가 많았다. 학부모 상담 때가 돼서야 아이의 담임인 친구는 아이가 왜 그런 상태인지 짐작했다. 영우 엄마는 엄격함이 몸에 베인 듯 순간순간 아이에게 명령했다. 담임이 아이에게 한 간단한 질문에도 금방 아이 말을 자르며 엄마가 대신 답을 했다. 초등학교 3학년 아이가 점심시간 소매에 김치 국물을 묻혔다는 이유로 담임인 자기 앞에서 아이를 몰아세워 무척 난감했다고 친구는 말했다. 영우는 엄마랑 대화하는 내내 잘못에 대해 지적받고 추궁 받는 듯 보였다고도 했다.

영우를 어릴 때부터 그런 방식으로 양육을 해왔다면 아이는 엄마와의 관계에서 분명 불안함을 느끼게 된다. 아이들은 불안을 느끼는 횟수가 잦으면 스트레스 호르몬 수치가 높아져 뇌의 해마체가 망가진다. 이 해마라는 곳은 장기기억을 담당해서 주로 학습과 기억에 중요한 역할을 한다. 즉, 잦은 불안을 느끼는 아이는 마음뿐 아니라 뇌도 같이 망가지고 있다.

내가 귀찮게 생각한 아이, 나를 귀찮게 생각하다.

중학생 아이를 키우는 친한 언니가 말했다. 아이가 중학교에 가니 자기 세계가 생겨서 이제 부모와는 대화를 꺼리고 자꾸만 피하기까지 한다고 했다. 물론 그 또래 아이들은 부모보다는 친구 관계가 우선이다. 나부터도 그랬으니깐. 하지만 친구가 말하면 들어도 엄마가 말하면 반항부터 한다니 안타까운 일이었다. 언니네는 아이가 어릴 때는 일도 너무 바쁘고 하루하루 사는 게 정신없어서 주로 친정 부모님이 양육을 도와주셨다. 그나마 아이 할머니가 자주 편찮으셔서 아이 돌봐줄 사람을 수시로 새로 구해야 했다. 정작 언니는 아이에게 관심을 많이 두지 못하고 아이와 자주 놀아주지도 못했다고 했다. 평일에 늦게까지 일하고 주말에는 좀 쉬고 싶은데 아이가 자꾸 불러대고 하면 "아이고, 이 녀석아 엄마 안 죽었어. 왜 자꾸 불러대?" 라며 곧잘 짜증을 내곤 했다며 후회했다.

주위 많은 지인들의 아이들을 보면 빠르면 초등학생 3~4학년 늦어도 중학생 정도 되면 아이는 더 이상 부모에게 놀아 달라든지, 이야기를 들어달라든지 요구하며 보채지 않는다. 오히려 부모가 대화 좀 하자고 해도 그때부터는 모른 척이다. 새삼스러운 부모와의 관계가 이제 아이는 불편하고 귀찮은 것이다. 예전에 부모가 자기를 귀찮아 하고 성가셔 했듯.

TV나 스마트폰에 정신이 팔려 아이에게 민감한 반응을 해주지 않는 엄마 밑에서 자란 아이들은 그때그때 감정의 공감을 못 받고 자라는 경우가 많다. 이런 아이들은 커서도 다른 사람들과의 감정적인 교류에 서투르고 대인관계가 불편한 경우가 많다. 부모와의 관계는 아이의 발달과정과 밀접한 관계가 있다. 그렇다면 아이와 부모는 어떤 관계를 유지하는 것이 바람직할까?

항상 바른 말과 행동으로 가르치고 훈육하고 교육하면 되는 것일까? 엄격한 훈육으로 커온 나는 그게 결코 좋은 방식이 아니라는 걸 다 커서야 절실하게 느꼈다. 훈육만이 정답은 아니라는 것을 잘 말해주는 책이 있다. 소아정신과 분야 최고 명의로 유명한 노경선의 『아이를 잘 키운다는 것』에서 말한다.

"엄마는 무조건 아이와 열심히 놀아주어야 합니다. 또한 아이가 쉬고 싶어 할 때는 편하게 쉴 수 있도록 도와주어야 합니다. 엄마 안에 내재된, 정확하게는 엄마의 뇌에 있는 감정, 지각, 느낌, 기억을 총동원해서 아이와 열심히 놀아줄 때 비로소 아이는 타고난 모든 기능을 제대로 발달시킬 수 있습니다. 엄마는 아이를 사람으로 만드는 모든 자극을 제공하는 주체며, 과장된 표현을 빌리자면 아이의 생사여탈권을 쥐고 있는 절대적인 존재입니다. 엄마로부터 좋은 자극, 풍부한 자극을 받은 아이는 신체의 모든 기관이 놀라울 정도로 발달하여 그 모든 경험이 뇌에 기억으로 남아 이후 감정이 풍부한 아이, 다른 사람들과 잘 어울리는 아이, 머리가 좋은 아이로 성장할 수 있습니다"

네버앤딩 "엄마 일루와봐"

첫째는 허구헌날 "엄마 일루와봐"가 입에 붙었다.

"엄마아, 일루와봐 이것 좀 봐봐!"

"엄마, 엄마!! 있자나 내가 만든 새로운 이야기 들려 주께"

사실 아이가 들려주는 이야기는 참 맥락없는, 밑도 끝도 없는 네

버앤딩 스토리의 향연이다. "아 진짜?" "우와! 정말?" "대박 재밌다아~" 뭐 이런 약간의 호응과 제스처로 반응해주면 그야말로 아이의 이야기는 작두 타듯 급물살을 타고 종횡무진 이어진다. 자기가 만들어낸 이야기의 반전 대목에서 아이는 혼자 심하게 만족하며 끅끅거리며 웃어댄다. 둘째는 또 어떤가?

"엄마, 화장실~ 쉬쉬!!"

"다일아, 화장실 바로 옆에 있네? 어서 쉬 누고 와"

"엄마, 무서워~ 같이 가아~~~~~~"

"엄마, 물 마시고 싶엉"

"정수기 있네? 물 마시고 오세요~"

"잉~ 무서워. 혼자 가기 무서워~잉"

'엄마는 니가 더 무섭다 ㅡ,ㅡ'

아이가 어릴 때는 엄마 곁을 한시도 떨어져있지 않으려 한다. 뭘 그렇게 해달라는 게 많고 같이 봐주고 들어줘야 할 게 많던지…컨디션이 괜찮을 때는 그래도 온갖 푼수 같은 호응을 해주며 맞장구도 쳐주지만 내 몸이 피곤할 때나 기분이 안 좋을 때는 아이가 귀찮은 게 사실이다.

하지만 아이가 엄마에게 매달리는 애착 행동은 엄마에게 안정을 얻어 아이 스스로 살기 위한 본능이다. 애착이 형성되고 다듬어지는 시기인 생후 3년은 아이와 최대한 많은 시간을 보내야 한다. 안

아주고 보듬어주며 엄마와의 따뜻한 관계형성이 꼭 필요한 시기이다.

안정적인 애착 형성은 아이 두뇌 발달에도 긍정적인 영향을 미친다. 그 시기에 자신의 요구에 대한 세심한 반응을 못 받았던가, 부모에게 방치되어 자란 아이, 특히 정서적으로 학대를 받은 아이는 뇌의 전두엽 및 변연계 등에도 악영향을 받는다고 한다. 이 전두엽이란 곳은 사고, 기억, 학습, 의사결정능력 등 사람을 사람답게 만드는 기능을 담당한다. 엄마로부터 정서적 안정감과 유대감을 받지 못한 아이는 스트레스로 인해 코티졸 호르몬이 증가해 전두엽, 편도체 등에 큰 타격을 받는다. 코티졸 호르몬으로 뇌가 한번 손상되면 아이는 커서도 스트레스에 적절하게 대처하지 못하게 된다.

아! 어려운 말 썼다. 결국 정리하면 아이가 어릴 때는 엄마의 눈빛, 미소, 손길이 아이의 온 세상이다. 엄마와의 따뜻하고 친밀한 애착관계가 내가 아이에게 줄 수 있는 최고의 선물이다. 그러지 못하면 아이 뇌도 망가질 수 있다는 것이다.

요즘 나는 아이들이 엄마인 나를 절실하게 필요로 하는 시기가 앞으로 얼마 남지 않았음을 느낀다. 첫째 아이가 "엄마 일루와봐"로 나를 불러대는 날이, 둘째의 화장실 동행 요청이 과연 얼마나 갈까? 화장실에서 볼 일 보는 둘째 앞에 쭈그리고 앉아서 손잡고 기다려주면 아이는 씨익 웃으며 내게 말한다.

"엄마 됴아요~"(엄마, 좋아요)

이 혀 짧은 목소리가 가슴 사무치게 그리울 날이 곧 오리란 생각이 든다.

4. 엄마가 조울증? 이랬다 저랬다

첫째가 태어나기 전 한참 수영 배우러 다닐 때 친해진 언니가 있다. 여러모로 성격이 나랑 비슷해 우린 꽤 오랫동안 언니 동생으로 잘 지냈다. 언니에게는 지금 민영이라는 올해 중학교 3학년이 되는 딸아이가 있다. 민영이는 초등학생 때부터 각종 수학 과학 경시 대회에도 나가서 입상을 하고 피아노 콩쿨에도 출전해서 상을 받곤 했다. 그야말로 동네 엄친아로 언니의 자부심이었다.

그런 민영가 중학교 2학년 초부터 자꾸 성적이 떨어지기 시작했다. 학원에 가기 싫다, 과외 수업을 듣기 싫다 툭하면 배가 아프다고도 했다. 하지만 언니는 안 그래도 떨어지는 성적에 매번 수업까지 빠지면 아이 성적이 곤두박질 칠까 두려워했다. 아이는 싫다고 하고 언니는 걱정되고 이러지도 못하고 저러지도 못해 발만 동동거리고 있었다.

아이가 밤늦게까지 과외 수업을 받은 날은 유독 신경질을 많이 냈다. 그럼 언니는 아이의 눈치를 봐가며 기분을 맞춰주느라 고생했다. 아이가 수업을 잘 받고 과외 선생님께 잘 따라온다는 칭찬을 받으면 언니 기분도 절로 좋아지곤 했다. 하지만 아이가 배가 아프다거나 몸살이 났다며 수업에 빠진 날은 아이에게 날카로워지곤 했다. 그런 날은 반대로 아이가 엄마한테 미안해하고 엄마 눈치를 봤다.

언니는 딸 아이가 공부하기 싫어서 꾀병을 부린다고 생각하니 딸에 대한 미움까지 생긴다고 했다. 괜히 우울한 기분이 든다며 하소연 했다.

얼마 전 언니와 점심을 같이 했다. 밥을 먹는 동안 언니는 작은 자극에도 예민하게 행동했다. 서빙하는 직원을 불렀는데 바쁜 점심시간 대라 그런지 우리가 부르는 소리를 놓치는 것 같았다. 언니는 직원이 들어놓고도 못 들은 척 한다며 무척 기분 나빠했고 사장을 불러 직원교육을 제대로 시켜야겠다며 흥분하기까지 했다. 내가 몇 년을 지켜봤지만 원래 남에게 싫은 소리 한번 못하는 언니였다. 나는 적잖이 놀랐다.

그리고 민영이 얘기가 나오자 이번 중간고사에서 아이 성적이 많이 올랐다며 다시 아이처럼 해맑게 웃었다. 원래는 머리가 참 좋은 아이인데 그동안 사춘기를 겪느라 그랬던 거 같다고 이제 정신 차렸으니 앞으로 계속 성적이 오를 거라며 들떠 있었다.

사실 내가 보기에 언니는 감정 조절이 잘되지 않는 듯 했다. 그날 본 언니는 사소한 일에 과민하게 반응하며 자기를 무시한다는 피해의식까지 느끼며 화를 냈다. 그러다가 느닷없이 기분이 좋아지기도 했다. 몰라본 사이 감정 기복이 부쩍 심해진 언니. 헤어지고 집에 와서도 그날 식당에서의 언니의 모습이 계속 눈에 남았다.

언니는 자신이 화병이 생길 뻔 했다고 하는데 내가 보기엔 이미 화병이 생긴 상태로 보였다. 사실 나는 민영이보다 언니가 더 걱정스러웠다.

아이에 대한 기대가 큰 경우, 아이로 인해 아니 정확히 말하자면 '아이의 성적'으로 인해 엄마들은 일희일비 한다. 순간순간의 감정에 휘둘리고 힘들어한다. 아이의 성적이 조금만 내려가도 쉽게 불안해지고 걱정이 된다. 아이가 얼마나 과외받기 싫었으면 배가 다 아플까라는 생각 대신 과외를 빠졌으니 '성적이 더 떨어질 것'이라는 불안과 '꾀병부리고 있다'는 의심을 가지고 아이를 바라본다. 아이의 사소한 행동에도 감정이 분노로 일고 결국 폭발하기도 한다. 반면 아이가 공부를 열심히 하는 모습을 보거나 성적이 올라가면 기분이 들떠 있다.

사실 아이를 기르다 보면 말을 듣지 않거나 떼를 심하게 써 곤혹스러울 때도 많다. 하지만 아이보다 조금 더 세상을 산 어른인 부모가 아이 입장에서 마음을 헤아려주는 것이 순리일 테다.

아이보다 더 화를 내고 감정이 폭발하듯 일어나는 건 엄마 자신의 문제일 가능성이 높다. 남편과 싸웠거나 시댁과 사이가 안 좋다든지 혹은 직장에서 스트레스를 받아 왔을 때 괜히 내 아이에게 화풀이를 하게 된다. 욱해서 화부터 내놓고 미안해하고, 반성하고... 또 반복하고.

엄마의 조울증과 같은 이런 감정, 아이에게 어떤 영향을 미칠까?

아이는 스스로에게 부정적인 감정을 느끼게 된다. 내 사소한 잘못에도 화를 내는 엄마를 보며 자라는 아이는 '내가 우리 엄마를 힘들게 한다'는 생각을 은연중에 가지게 되고 자기에게 부정적인 감정을 가지게 된다. 아이는 주눅 들게 되고 남의 눈치를 살피게 된다. 자신의 작은 실수에도 자책하고 괴로워한다. 성격이 예민하고 감정기복이 심한 사람은 세상을 살아가기가 참 힘이 든다. 내 아이가 유리보다 약한 마음을 가지고 이리저리 흔들리며 앞으로 이 세상을 살아가길 원하는 부모는 없을 것이다.

5. 엄마 스트레스부터 관리해

나를 위한 '내면의 한끼'

나는 대구에서 줄곧 살다가 남편을 만나 진주로 시집왔다. 이곳
에서는 마음을 터놓을 인간관계가 적었다. 순간순간 찾아오는 헛
헛한 마음이 나를 늘 따라다녔다. 그 마음을 남편이 자상하게 채워
줬으면 했다. 하지만 3형제 장남으로 자란 탓인지 천성이 그런 건
지 남편은 여자의 섬세한 감정을 잘 이해하지 못했고 내가 외롭다
고 말할 때마다 "아이 키운다고 정신없는 데 외로울 새가 어딨어?"
라고 반문했다. 내가 누구 하나 믿고 이곳에 시집왔는데 싶은 억울

함을 느꼈고 한번 씩 밀려오는 상실감과 외톨이가 된 기분에 우울해지곤 했다.

그런데 참 희한한 일이 있었다. 나는 평소 TV를 거의 보지 않지만 한 때 주위에 태후 신드롬이 불기에 〈태양의 후예〉라는 드라마를 7회부터 보게 됐다. 그 드라마에 혹 빠져서 인터넷에서 1편부터 다운받아 보고 8편부터는 본격적으로 본방을 사수했던 기억이 있다. 일 잘하는 남자가 로맨틱하기까지 하니 나를 비롯한 많은 여자들이 유시진 대위에게 열광했다. 그 드라마를 볼 때는 남편도 아이도 누가 말 거는 것도 귀찮았다. 그만큼 몰입을 하기 때문일 테다. 하지만 안타깝게도 그렇게 좋아하던 유시진은 내가 사는 현실에는 없었다.

기왕이면 나를 찾고 내 현실에 진짜 영양을 줄 수 있는 몰입할 거리를 찾는 것이 좋다. 우리는 몸을 위해 뭐든지 먹는다. 삼시세끼에 커피나 음료 과일 같은 간식까지. 이젠 단순히 생존을 위해 매끼를 챙겨 먹는 것을 떠나 좀 더 건강한 몸을 위해 현미 채식을 하고 또는 비건(vegan)이 되어 엄격한 식생활을 고수하기도 한다. 혹은 매끈한 몸을 위해 다이어트도 해가며 외면 가꾸기에 참 많은 시간과 돈을 쏟는다.

하지만 진짜 건강해지려면 내면에도 매끼 밥을 주며 마음을 단단하게 만들어야 한다. 엄마인 내 마음이 단단하지 않으면 아이도 남편도 같이 힘들다. 우리는 매일 내 마음 안에 무슨 밥을 주고 있을까? 그게 음악일 수도 있고 좋은 공연일 수도 있고 한 권의 책일 수도 있다. 굳이 그 중에 고르라면 나는 독서와 글쓰기가 효율성이 제일 높다고 생각한다.

먼저 책 얘기를 잠시 해보겠다. 책 한 권을 쓰기 위해 저자는 그의 살아온 인생을 녹여내어 담는데 우린 치킨 한 마리도 못 사먹을 돈으로 한 사람 인생이 녹아든 지혜를 쏙쏙 뽑아먹을 수 있으니 말이다. 애 키우고 직장 다니고 매일 하루하루 살아내기도 힘든데 무슨 책이냐 하는 사람들이 많다.

나는 아이를 낳고 육아휴직 기간 동안 처음 제대로 내 책을 읽기 시작했다. 아이가 잘 때는 설거지나 청소는 미루고 우선 모자란 잠을 보충했다. 그렇게 체력을 좀 채우고도 분명 남는 자투리 시간들이 있었다. TV 드라마에 빠져있다던가 스마트폰에 빠져있지 않으면 하루에 얼마간의 책을 읽을 시간은 얼마든지 있었다. 하루에 단 몇 페이지라도 읽는 것과 그냥 무의미하게 지나쳐버린 것과는 시간이 쌓이면 많은 차이가 있다. 아이를 키우며 힘들고 지치거나 방향을 잃고 헤맬 때는 그에 맞는 책 한권 읽곤 나면 다시 힘내서 아이들을 돌볼 수 있었다. 내가 그렇게도 치열하게 고민하는 것들이 실상은 참 별거 아니라는 위안도 얻을 수 있었다. 책장 구석에서 찾아낸 한 권의 책 어느 한 문장으로 버틴 날도 많았다.

복직 후에는 생각했던 것보다 훨씬 힘들었다. 어린 아이 둘 키우며 직장 생활하는 건 매일이 전쟁통이었다. 6시에 퇴근이라도 하면 그래도 괜찮았을지 모르겠다. 복직한 부서에는 일이 많아서 밤 9~10시나 되어서야 퇴근 하는 날이 많았다. 밤 늦게 퇴근할 때면 너무 피곤해서 신호 대기 중에 잠깐 정차된 차 안에서도 정신없이 졸곤 했다. 뒤차의 빵 거리는 경적 소리에 화들짝 깨는 날도 많았다. 너무 너덜너덜해져 퇴근하니 집에 와선 정말 손가락 하나 까닥하기도 힘들었다. 다람쥐 쳇바퀴 돌 듯 할아가는 하루하루가 고역이었다. 아마도 그 때 내 마음 상태가 영양실조가 아니었나 생각된다.

오히려 바쁘다는 핑계로 책을 멀리할 때는 위로받을 곳이 없었다. 남편이 내 마음을 알아주고 위로해주고 다친 마음을 보듬어 주길 원했다. 하지만 경상도 토박이 남편은 위로와 공감에 익숙지 않았다. 물론 가족으로 버팀목이 되어주었지만 내 안의 깊은 곳은 어쩐지 공허했다.

그 공허는 나만 알 수 있는 것이어서 주변 많은 지인들은 겉으로 드러나는 내 성격만 보고 쾌활한 성격이라고 했다. 물론 나는 O형 특유의 밝고 털털한 성격을 가지고 있다. 실제로 사람들과의 유쾌한 대화를 즐기고 웃음소리도 유난히 큰 편이다. 하지만 어찌 사람에게 한 가지 성격만 있을 수 있을까? 내 안에 알 수 없는 공허감은 수시로 찾아왔다.

여자들은 속상한 일이 있을 때 누군가에게 수다를 떨어서 감정을 털어내면 기분이 괜찮아진다. 나도 그렇게 누군가와의 수다에 많이 의지했다. 친구든 여동생이든 만나서 수다를 떨고 만날 상황이 못 되면 전화통을 부여잡고 1시간을 이야기하곤 했다. 그렇게 수다를 떨어 놓고서는 자세한 이야기는 만나서 하자며 다음을 기약했다. 내 부정적 감정을 받아주는 상대방은 감정의 쓰레기통 역할을 해준 셈이다. 거기다 감정의 찌꺼기를 버리니, 내 기분은 한결 나아졌지만 상대방은 기가 빠진 느낌이었을 테다. 내가 다른 이의 하소연을 1시간 가까이 들으면 마찬가지로 진이 빠지니 말이다.

걱정하는 많은 것들이 조금만 시간이 지나면 별것 아니었다는 걸 알게 된다. 별 의미 없는 것들로 내가 그렇게나 스트레스 받고 거기에 함몰되어 있었음을 느끼곤 한다. 사실 누군가에게 위로받고자 하는 마음도 의지하려는 나약한 마음과 같다. 결국은 스스로 마음을 단단하게 만드는 길이 최선이다.

언젠가부터 나는 차라리 일기를 쓰거나 글을 썼다. 그 행위 자체가 치유의 효과가 있었다. 내 감정을 쏟아내며 나를 한번 돌아보게 되고 지금 나를 힘들게 하는 원망의 대상이 과연 원망만 할 대상인지를 객관적으로 볼 수 있게 되었다. 멀찍이 떨어져서 그 상황을 다시 보게 되면 대부분의 경우는 내가 바꿀 수 없는 타인의 문제가 아니라 내가 바꿀 수 있는 나의 문제로 모아지곤 했다. 그렇게 스스로 치유를 하며 감정의 찌꺼기를 털어버리고 내 안의 목소리에 귀를 기울이는 법을 터득하게 됐다. 세상은 너무 소란스럽다. 시끌 벅적한 세상 속에서도 내 안의 목소리에 귀 기울이는 시간은 반드시 챙겨야 한다.

매일 밥을 먹듯 매일 '내면의 한 끼'는 꼭 챙겨 보자. 바쁘고 힘들수록, 아이 키우고 살림하느라, 바쁜 직장생활 하느라 내가 없어진다고 생각이 들수록 '내 안의 내'가 살아날 수 있도록 내 속에도 밥을 주어야 한다. 그렇게 속을 꾸준히 잘 챙겨줘야 좀 더 예쁜 에너지도 생기고 가족들과 주위 사람들에게 그 기쁨도 나눠줄 수 있게 된다. 물론 슬플 땐 위안도 받는다. 매일 마음에 밥을 주면 내 마음도 조금씩 단단해진다.

나부터 행복해지기

어떤 방식으로든 엄마가 건강해지고 행복해질 수 있는 공간을 만들어야 한다. 결국 엄마가 행복해야 민첩하게 아이의 눈빛을 읽어갈 수 있고 아이의 아픔을 예민하게 느낄 수 있다. 남편에 대한 배려도 나부터 건강하고 행복할 때 생긴다.

아이들과 내 가정을 위해 무언가를 해보려고 노력하는 내게 주기적으로 상을 주는건 어떨까? 그 상은 나에게 활력소가 되어 아이와 내 가족에게 건강한 기운을 되돌려 줄 것이다. 행복한 엄마 밑에서 행복한 아이가 자란다. 나부터 채워야 아이든 가족이든 조금 더 나아가 이웃도 살피고 나눠줄 수 있다. 내 안이 비어있고 모자란 데 뭘 어찌 퍼줄 수 있단 말인가? 내 마음이 결핍되어 있고 늘 목이 마른데 누군가를 도와주고 나눠준다는 건 허세고 위선이다. 결국 되돌려 받고자 하는 마음이 나를 괴롭히게 된다. 나를 채우고 내가 행복한 것이 우선이다. 내가 행복해서 넘쳐나면 자연스럽게 주위에 그 마음이 전해진다.

선한 영향력이란 말이 요즘 많이 쓰인다. 내가 참 좋아하는 말이고 귀한 뜻이다. 하지만 굳이 '내가 좋은 사람이 되어서 누군가에게 좋은 영향력을 끼쳐야 겠다' 는 결심보다는 내 안에서 선한 영향력이 베어 나오면 그 기운은 자연히 주위를 물들인다. 전도하고 다니지 않아도 옆에서 보고 배우고 깨치게 된다. 행복을 굳이 말로 하지 않아도 행복한 사람을 보면 그 기운을 받는 것처럼.

내 아이와 내 가족이 행복해지려면 엄마인 나부터 행복하면 된다. 내 행복에 있어서도 자꾸 먼 미래를 보지 말자. 지금 아이들과 함께 하는 시간이 행복해야 된다. 정말 두 번 다시 오지 않을 시간이다. 아이가 어릴 때는 제발 좀 빨리 컸으면 좋겠다 싶다가도 막상 아이가 커서 내 품을 떠나면 그 허탈감에 괴로워하는 부모들을 많이 봤다. 지금 이 순간을 바라보자. 지금 당장 내 아이의 작고 보드라운 손과 남편의 단단한 손 한번 잡아보는 것부터 시작해보면 어떨까?

사랑한다, 고맙다는 말과 함께.

Chapter 02

아이를 망치는 최고의 무기

팔랑귀

1. 불안할 땐 옆집 엄마한테 물어봐

옆집 엄마의 정보를 사수하라고?

엄마들은 불안하다. 이렇게 키우는 게 맞나 늘 궁금하고 누군가에게 확인받고 싶어 한다. 수시로 육아 블로그와 카페를 들락거리며 정보를 수집하곤 한다. 또 대부분의 엄마는 옆집 엄마한테 묻고 또 묻기를 반복하며 다른 아이와 비교한다. 자신의 육아 방식에 대해 공감받고 싶고, 잘한 게 있으면 자랑도 해줘야 뿌듯하다.

육아에 가사에 정신없이 바쁘면서도 반복되는 일상은 사실 따분하다. 게다가 집에서 아이랑 둘만 있으면 답답하기 그지없다. 아이가 커서 대화라도 되면 좋겠지만, 갓난쟁이일 땐 그마저 불가능하다. 속상한 일이라도 있을 땐 아무나 붙잡고 수다라도 떨어줘야 살 거 같다.

그리하여 채 앉지도 못하는 아이에게 친구를 만들어준다는 핑계로, 엄마는 자신의 친구를 찾아 나선다. 초보 엄마가 마트나 백화점 문화센터를 찾는 이유가 바로 이것이다. 거기서 사귄 사람들과 동병상련을 느끼고, 서로 의지한다. 조금 친해지면 엄마들은 전화통을 붙잡고 1시간을 떠들다 마지막에 한마디 하는 사이로 발전한다.

"그래 자기야 우리 자세한 얘기는 만나서 하자!"

서로 맞장구 쳐주는 수다를 이어가다가도, 시월드건 남편이건 험담을 조금 곁들여 줘야 제 맛이다. 그렇지만 아무래도 최대 관심사는 육아 문제다. "우리 애는 어떤데, 너희 애는 어떠니?", "우리 애도 그렇다. 아니 한 수 더 떠"하고 위로 아닌 위로를 서로 주거니 받거니 한다. 한참을 그러고 나면 '아 나만 그런 게 아니었구나.'하는 약간의 위안과 동지애도 느낀다. 집에만 콕 박혀 있느라 가라앉아있던 기분이 좋아지는 것도 같다.

그렇다면 갓 친해진 엄마끼리 수다 삼매경에 빠졌을 때 아이는 뭘 하고 있을까? 아이는 엄마 손과 옷자락을 잡아당기며, 자기한테 관심 좀 가져 달라고 애처로운 눈빛을 보낸다. 하지만 엄마는 수다를 방해받는 게 싫다. "어휴 얘가 오늘따라 왜 이럴까?", "저기 가서 친구랑 놀아" 하고 아이의 간절한 손을 뜯어낸다. 며칠 전까지 전혀 모르던 어떤 이에게 잘 보이기 위해 내 아이를 밀쳐낸다.

그렇게 시간을 보내고 나면 사실 남는 건 없다. 시월드나 남편

험담을 같이 나눈 뒤의 씁쓸한 전우애 정도가 남지만 그마저도 뒷맛이 씁쓸할 뿐이다. 게다가 오늘 이야기나 지난주 이야기나 매번 비슷비슷하다. 시댁·남편, 아이들 이유식·간식, 새로 산 동화책 전집과 요즘 핫하다는 육아용품 이야기가 계속 반복된다. 아! 어제 본 드라마 얘기도 빠질 순 없다.

이야기를 나누는 것은 좋지만 정말 중요한 것이 하나 있다. 절대 옆집 엄마한테 의지하지 말라는 이야기다. 부모만큼 자기 자식을 잘 아는 사람은 없다. 옆집 엄마에게 내 아이에 대한 답을 구하는 건 옆집 엄마가 내 아이를 키워 주리라 기대하는 것과 다르지 않다. 아이는 절대 옆집 엄마의 정보로 크는 것이 아니다. 옆집 엄마가 알려준 대부분 정보는 또 다른 옆집 엄마한테 들은 이야기들이다. 초보 엄마끼리 나누는 대화는 '그 나물에 그 밥' 수준에서 맴돌기 마련이다. 게다가 검증되지 않은 잘못된 정보와 속설이 상당수다.

"애 운다고 자꾸 안아주기 시작하면 버릇 나빠져서 엄마가 나중에 생고생 한다"

"모유는 6개월 지나면 영양가가 없어지는데 돌 지난 애한테 뭐 하러 모유를 먹이냐?"

이런 말처럼 터무니없는 정보가 대표적이다. 이러한 조언은 초보 엄마의 유리멘탈을 흔들어 놓곤 한다. 인터넷에 범람하는 얕은 지식으로 나의 불안을 잠재울 수 없듯, 흔들리지 않는 나만의 육아관을 옆집 엄마에게 배울 수는 없다.

아이가 커서 학부모가 되면 다른 아이들과의 구체적인 비교가 더욱 심해진다. 성적 때문이다. 아무리 초등학생이라지만 스스로 잘하는 아이가 아니라면 어느 부모가 조바심나지 않겠는가. 초등학교 성적 그게 뭐라고 코웃음 치는 이라도 막상 아이가 받아오는 반 토막짜리 성적표를 받고 초연할 수 있는 엄마는 많지 않다. 보통은 바로 그날부터 문제집이며 학원 정보를 구하기 위해 불꽃 검색에 들어간다.

방임이 아니라 아이를 늘 지켜보며 아이가 스스로 할 수 있도록 안내해주고 기다려준다는 건 매사에 엄마의 인내심을 요구한다. 팔랑귀에 조바심 끝판왕인 엄마가 소신 있게 아이를 기다려 줄 수는 없다. 아이가 어이없는 성적표를 디밀어도 아이 스스로 할 수 있도록 도와주고 기다려주기란 쉽지 않다. 당장 빈틈없는 학원 뺑뺑이 스케줄을 짜서 아이에게 들이미는 것으로 엄마의 불안을 잠재우는 것이 대부분의 수순이다.

엄마의 불안을 조장하는 것들

요즘 우리 주위에는 아이가 태어날 때부터 엄마의 불안을 조장하는 것이 참 많아졌다. 먼저 '젖먹이 대상 조기교육'을 들 수 있다. 문화센터에서는 6개월 이상 아이를 위한 오감발달 수업과 영재교육을 다양하게 준비해 놓는다. 엄마들은 그런 프로그램에 내 아이만 안 다닌다고 생각하면 불안하다. "엄마가 아이 발달에 너무 무관심한 거 아니냐."는 옆집 엄마의 핀잔도 내 불안을 가중시키는 역할을 해준다.

하지만 두 돌 전까지의 아이에게는 따뜻한 엄마 품이 먼저다. 다른 사람과 맺는 사회생활은 그 시기에는 다 부질없다. 오히려 낯선 사람에게 자꾸 노출하는 것이 아이에게는 불안감을 줄 수 있다. 엄마와의 애착 형성이 훨씬 중요하기 때문이다. 루스 실로의 『유태인의 자녀를 낳고 기르는 53가지 지혜』에도 "남의 집을 방문할 때는 젖먹이를 데리고 가지 않는다"라는 이야기가 나온다. 유대인들은 생후 1년 전후의 젖먹이를 데리고 외출하지 않는 것이 원칙이다. 남의 집을 방문할 때는 더욱 그렇다. 그것은 아기에게도 어른에게도 괴로울 수밖에 없는 일이다.

그리고 '값비싼 유아 전집'을 예로 들어보겠다. 유아 전집 영업사원에게 영유아 아기를 둔 초보 엄마는 그야말로 '호갱님'이시다. 그들은 지금 이 시기에 전집을 안 사주면 아이가 발달할 수 있는 결정적 기회를 엄마 때문에 놓친다고 말한다. 엄마의 불안을 마케팅 삼아 수십만 원에서 수백만 원에 달하는 전집을 권한다. 요즘은 전집과 함께 각종 북 패드까지 권한다.

24개월 이전의 영유아에게 영상물이 어떤 영향을 미치는지 그들은 절대 얘기해주지 않는다. 그냥 엄마라면 아이의 시기별 발달사항에 관심을 가지고 적절한 자극을 줘야 한다고만 강조한다. 그 제품을 사지 않는다는 건 엄마가 아이의 발달에 무관심한 것이라며 엄마의 불안을 조장한다.

물론 가격이 비싸면 질 좋은 책이 많다. 하지만 무조건 비싸다고 좋은 책은 아니다. 결코, 아이 전집에 많은 돈을 투자해 부담을 느낄 필요가 없다. 그런 비싼 책은 좋은 엄마, 좋은 교육의 조건이 아니다. 장난감처럼 편하게 쥐고 흔들다 찢어져도 좋을 책, 낙서해도 아깝지 않을 저렴하고 좋은 책이 매우 많다. '개똥네', '알라딘', '예쑤24' 등 중고 책 사이트에서 새것 같은 중고 책을 사줘도 괜찮다. 아이가 물고 빠는데 어찌 남이 읽던 책을 사주느냐고? 그렇게 걱정되면 유아용 제균 티슈 한 통 사서 깨끗이 닦아주면 된다. 몇 천 원 투자하면 전집 한 질 깨끗하게 닦는다. 새 책이든 중고 책이든, 전집이든 단행본이든 그것은 중요하지 않다. 아이가 원할 때는 언제라도, 엄마 목소리로 따뜻하게 읽어줄 수 있다면 그걸로 충분하다.

아이가 조금씩 커갈수록 엄마의 불안은 더 다양해지고 깊어진다. 한글은 언제 가르쳐야 할지, 남들 다하는 학습지를 언제부터 시킬지, 영어유치원을 보낼지 말지 고민하게 된다. 아이가 초등학생이 되면 본격적으로 무슨 사교육을 언제부터 시킬지, 아이 교육을 위해 이사를 가야되는 건 아닌지, 조금 더 여유가 있는 집은 어학연수라도 보내야 하는 건 아닌지 고민한다. 비단 이런 교육문제가 다가 아니다. 먹거리, 편식, 아이의 키와 몸무게 같은 발육상태, 교우관계 등 생활전반의 소소한 문제들은 아이가 커감에 따라 다양한 형태로 늘 엄마에게 불안을 안겨주는 요인들이다. 하나를 해결하면 또 다른 하나가 기다리고 있다.

엄마는 불안을 조장하는 수많은 유혹에서 중심을 잡아야 한다. 기꺼이 기다려주고 아이 내면의 힘을 키워줄 수 있는 내공을 길러야 한다. 그러기 위해서는 엄마 자신만의 소신 있는 육아관을 반드시 가지고 있어야 한다.

2. 육아서 다 거기서 거기라고?

몇 달 전에 한번 읽은 책은 읽은 게 아냐

많은 엄마들은 아기가 태어나기 전부터 '임신출산육아 대박사', '삐뽕삐뽕 119'를 시작으로 육아서 몇 권을 사서 읽는다. 하지만 육아 초기 때 책 좀 읽었다는 엄마들도 말한다.

"육아서 내용 다 거기서 거기야"

"다 아는 얘기 아냐? 안 해서 문제지, 결국 실천이 문제지"

많은 엄마들이 아이한테 사 줄 동화책 전단지에는 시선이 꽂혀서 꽤 비싼 고가의 전집들을 들인다. 워낙 여기저기서 독서의 중요성을 강조하니 우리 애한테도 어떻게 하면 책 좀 많이 보게 하나를 늘 궁리한다. 하지만 정작 본인이 꾸준히 책을 읽는 엄마는 많지 않다.

육아서 내용이 다 거기서 거기라며 팔짱끼고 있는 엄마에게 나는 묻고 싶다.

"다 아는 내용 얼마나 실천하십니까?"

알긴 다 알지만 결국 실천을 못해서 문제라고 말하는 엄마에게는 말하고 싶다.

"더 읽고 깨쳐야 내가 후지다는 걸 알고 변해야겠다는 생각도 들더라구요"

사실 마음에 와 닿는 자기계발서든 육아서든 어떤 책을 만나면 당장 뭔가 해야겠다 싶은 생각에 불끈한다. 하지만 대부분 가슴 뛰는 그 열정이 그다지 오래가지 못한다.

인간은 망각의 동물이라고 했다. 기억은 시간이 지날수록 반비례하기에 오랫동안 기억하기 위해서는 주기에 따라서 적절한 복습이 필요하다는 독일 심리학자 에빙하우스 '망각곡선'이론은 이미 유명하다. 사람은 학습한 지 10분이 지나면서부터 망각이 시작돼 1시간 후엔 50% 이상 잊게 되고, 하루가 지나면 70~80%, 한 달 후에는 80~90% 이상을 잊어버리게 된다는 이야기다. 아니 내 경험상 애 낳고 나면 기억력 자체가 없어진 듯 했다.

그러니 내가 일 년 전, 아니 한달 전에 읽은 육아서는 내 기억에

각자의 부족함에 시선을 두고 서로를 바라보며 부러워한다.

내 떡에 집중하기

엄마가 남의 떡을 바라보지 않고 내 떡에 집중하려면 엄마 자신에게도 만족을 줄 시간이 있어야 한다. 지금 살고 있는 현재가 만족스럽지 않는데 자꾸 "비교하지 마라, 자존감 높여라, 화내지 마라" 백번 얘기해도 귀에 들어오지 않는다. 사실 워킹맘이든 전업맘이든 엄마로 살다보면 저 밑바닥에 있는 에너지까지 다 고갈되는 경우가 많다. 엄마로서의 내가 아닌 내 원래 이름으로 존재하는 나를 챙겨야 된다.

많은 엄마들이 아이에게 비싼 전집에 교구를 사준다. 비싼 학원에 드는 돈을 아까워하지 않는다. 아이 옷은 철마다 백화점 가서 사주면서 자긴 마트에서 만원, 이만 원 하는 티 쪼가리만 매번 사다 모은다. 제발 그러지 좀 말자!

비싼 옷 입혀서 나가야지 내 체면이 서는 게 아니다. 그런 옷을 입혀 놓으면 아이는 꼭 사고를 친다. 시커먼 포도 주스, 아이 도장 놀이에 딸린 잉크, 뚜껑 열린 사인펜. 그런 것들이 아이의 비싼 옷에 묻는 순간 엄마는 다중이로 돌변할 수 있다. 나도 모르는 내안의 미친여자가 순간 튀어나올 수 있다.

아이에게 책 사주고 신경 써서 밥 챙겨 줄 때 엄마도 좋은 책 사서 보고 좋은 음식을 챙겨 먹어야 된다. 앞서 엄마 마음을 채우는 내면의 한 끼가 중요하다고 말했듯이 엄마 자신한테도 하나씩 선물을 해보자. 그게 음악일 수도 있고 좋은 공연일 수도 있고 한 권의 책일 수도 있다. 혹은 따뜻한 커피 한잔과 함께 하는 사색의 시간일 수도 있을 것이다. 아이나 가족에게 쏟아 부은 열정만큼 나한테도 하나씩 해줘야 한다. 그래야 이 육아란 놈이 나를 잡아먹지 않고 건강하게 육아의 시간을 통과해 낼 수 있다.

남의 떡만 보고 배 아파 할 것이 아니라 내 결핍을 쿨하게 인정하고 나를 발전시키는 자극제로 활용하는 깨알 센스를 발휘해보자. 잘난 사람을 보고 질투를 느끼고 부러워한다는 건 내가 부족하다는 걸 인정한 거다. 부러워했으니 일단 진 거고, 우선 어제의 나부터 한번 이겨보자. 생각보다 엄마들의 능력은 무한대다. 나는 주위 엄마들이 블로그에서 만난 이웃들을 통해서 많은 엄마들이 끓어오르는 성장에 대한 욕구가 있다는 것을 알았다. 내 안에 숨어있는 그 에너지를 아이에게만 쏟아 붓는 건 너무나 어리석은 짓이다. 그건 아이와 엄마 모두를 병들게 만든다.

나를 아껴주고 내 안에 이야기에 귀 기울이며 나에게 몰입하는 시간이 필요하다. 그 때 그 때내 감정을 알고 지치거나 우울할 때는 쓰다듬어 줄 수 있어야 된다. 엄마 안이 건강해야 아이들에게도 좋은 기운을 줄 수 있다. 좋은 부모는 자기의 삶을 열심히 사느라 아이를 자기 인생에 중심에 놓지 않는 부모라고 생각한다. 아이를 자기 인생 중심에 놓는 부모는 결국 아이에게 지나친 집착을 하고 언젠가는 아이에게 그 보상을 바라는 경우를 많이 봐왔다.

물론 생후 3년까지는 엄마와의 빈틈없는 절대 애착형성 관계를 가져야 한다. 그 시기에는 아이에게 몰입해야 할 시기이다. 아이에게 온전히 집중해 주고 아이가 충분한 사랑받고 있음을 늘 느끼게 해 주는 것이 좋다. 특히 갓난쟁이를 키우는 엄마가 너무 피곤하면 그 스트레스는 온전히 아이에게 간다. (나는 새벽에 혼자 책 읽는 시간을 즐겼지만 아이가 낮잠 잘 때는 꼭 같이 자며 컨디션을 조절했었다.)

하지만 그 이후부터는 아이 스스로 클 수 있는 틈을 조금씩 아이에게 내주어야 한다. 아이에겐 틈을 내어주고 엄마는 아이 엄마로서가 아닌 나 자체로 행복해질 수 있는 나를 만들어 가는 것이 중요하다.

엄마 자신에게 집중하기. 아이가 커서 자기 갈 길을 가고 더 이상 엄마의 세심한 손길을 필요로 하지 않을 때가 분명 온다. 갑작스런 공허감으로 몸부림치지 않으려면 '나 자체로의 나'를 늘 생각하고 있어야 한다. 집중적인 육아의 시간이 지나고 전업맘이든 워킹맘이든 제대로 자신의 꿈 위에 서려면 아이에게 모든 레이저를 쏘아댈 것이 아니라 '나 자체로의 나'를 늘 생각하고 고민해야 한다.

엄마인 내가 성장하며 아이가 그런 내 모습을 보고 자라게 하는 것. 그것이 아이에게도 훨씬 좋은 길이라고 생각한다. 아이도 살고 엄마도 사는 육아의 길이다. 하루하루 열심히 살면서 그 속에서 보람을 찾아가는 엄마를 보며 아이도 같이 클 것이다.

Chapter **03**

엄마의 욕심

아이에게
목숨 걸다

1. 아이는 또 하나의 나

부모의 내적결핍

남편이 또 커다란 로봇 박스를 들고 퇴근했다. 그럴 때면 역시나 빨간 고무다라이 얼굴을 하고 있다. 저녁에 회식이라더니 술 한잔 하고 오면 꼭 마트에 들려 애들 로봇 장난감 하나씩을 사들고 온다. 파워레인저, 터닝 메카드, 트렌스포머, 또봇 등 이렇게 모아진 로봇이 집에 종류별로 한 가득이다. 남편은 로봇을 사오면 아이들 보다 자기가 더 신나서 조립을 하고 거실 책장 맨 위에 뿌듯한 듯 전시까지 해두곤 한다.

나는 아이들이 결핍을 통해 성장하길 바란다. 일부러라도 부족한 듯 키우고 싶어 한다. 아이들과 놀 때도 완제품의 화려한 장난감을 가지고 놀기 보다는 집에서 흔히 구해지는 재활용품 같은 걸 활용해서 놀곤 했다. 어설프고 엉뚱하고 때론 허접해 보이기까지 하는 놀잇감을 스스로 만들어 내는 과정에서 아이의 창의성도 높아지고 여러 감각들이 함께 자란다고 믿는다.

남편은 내가 어떻게 아이들을 키우고 싶어 하는지 잘 안다. 로봇 장난감을 사오면 내가 싫어한다는 것도 잘 알고 있다. 하지만 술에 약한 남편은 몸 안에 알코올 몇 방울만 들어가면 자기 용돈을 쪼개서라도 애들 장난감을 사서 들어왔다. 물론 그 때마다 아이들은 열광했다. "우리 아빠 최고!" 그렇게 남편은 아빠로서의 뿌듯함과 자신의 대리만족 두 가지를 동시에 채워나갔다.

남편은 어릴 때 집에 장난감이 거의 없었다고 한다. 친구들이 가지고 노는 장난감이 늘 부러웠다고 했다. 남편이 초등학교 때 한번은 친척 결혼식이라 서울 강남에 있는 작은 아버지 댁에서 하룻밤 자게 됐다. 그 집에는 참 다양한 장난감과 게임기가 있었다. 그 때 그 집의 게임기를 잠깐 가지고 놀았는데 그걸 본 사촌 동생이 자기 물건이라며 뺏어서 손도 못 대게 했다. 어린 아이들끼리 얼마든지 있을 수 있는 일이었지만 늘 장난감에 굶주려 있던 남편에게는 그게 상처로 기억이 됐나보다. 아직도 가끔 그 얘기를 한다.

남편은 어른이 되어 장난감을 살 능력이 충분히 된다. 이제는 기념일 뿐 만 아니라 기분 따라 아이들 핑계를 대며 끊임없이 장난감을 사온다. 처음엔 난 그런 남편을 보면 속상했지만 요즘은 짠한 마음이 든다. 자기 안의 어린 아이를 다독여주는 게 아닐까 하는 생각이 들어서다. 다만 나지막한 목소리로 한마디는 꼭 한다.

"이제 그만 해라이"

마찬가지로 우리 부부는 둘 다 피아노를 치지 못한다. 어릴 때 나는 피아노를 좀 배우긴 했지만 세월 지나며 다 잊어버렸고 남편은 피아노 학원에 한 번도 다니지 못했다고 했다. 우리는 첫째 녀석이 두 손으로 피아노를 연주하는 걸 보면 그렇게 뿌듯할 수 없다. 부부 둘이 뒤에 서서 연신 감탄 하며 박수를 쳐댄다. 아이가 악기 하나 정도는 능숙하게 다루길 바라는 마음으로 어릴 때부터 피아노를 배우게 하고 있지만 우리 부부는 자신이 못 치는 피아노를 아이가 자유롭게 연주하는 모습에서 대리 만족도 같이 느끼는 것 같다.

많은 부모들이 자식을 통해 대리만족을 느끼려고 한다. 사소하게는 아이에게 장난감을 사주며 자기가 더 만족을 느끼는 남편이나 우리가 못 치는 피아노를 연주하는 아이 모습을 볼 때면 과하게 뿌듯해 하던 우리 부부의 모습도 비슷한 경우일 수 있다.

내 아이, 제 2의 나

조정래 『풀꽃도 꽃이다』에 매끄러운 영어 구사를 위한다는 명목으로 유아기의 아이에게 구강 구조 성형 수술을 시키는 이야기가 나온다. 부모의 집착에 가까운 성적 관리에 짓눌려 가출하는 청소년의 이야기도 있다. 우리 사회에 만연해있는 교육 가치관이 적나라하게 드러나 있다. 단순히 그냥 소설이 아니다. 3년 동안 조정래 작가가 학교와 사교육 현장을 찾아다니며 실제 취재한 내용이라고 한다. 소설 속에 등장하는 부모들처럼 많은 부모들은 '내 아이가 이렇게 커줬으면 좋겠다'라는 지나친 기대치를 가지고 있다.

실제로 EBS 다큐프라임에서 모성애에 대한 한 가지 실험을 보여줬다. 자녀에 대한 평가를 할 때, 엄마 스스로를 평가할 때와 뇌의 같은 영역이 활성화되는 것을 알 수 있었다. 결국 엄마는 아이를 또 하나의 나로 인식한다는 사실이 과학적으로도 증명됐다.

아이가 차츰 커감에 따라 아이를 통한 대리만족 욕구는 점차 아이의 학업 성적에 집중된다. 자식의 성공이 곧 나의 성공이라 생각하고 공부 잘 시켜서 좋은 대학 보내는 것에 많은 시간과 공을 들인다. 적어도 부모인 나보다는 잘 살길 바라거나 적어도 나만큼은 살아야 한다는 마음을 강하게 품고 있다.

내 아이가 공부를 잘해서 앞으로 살아갈 여러 길들 중 선택할 수 있는 폭이 넓어지길 원한다. 내 자식은 나보다는 좀 더 선택의 폭이 자유롭고, 하고 싶은 걸 마음껏 할 수 있게 키우고 싶어 한다.

하지만 이런 마음을 솔직히 들여다보면 결국 허울 좋은 욕심인 경우가 대부분이다. 아이가 공부만 잘해도 우리 사회는 엄마까지 추켜 세워주며 자식 농사 잘 지었다고 인정해주는 시대를 살고 있다. 부모는 자신이 겪은 무한경쟁 체계를 자식에게도 일찍이 주입하면서 사회에서 도태되지 않으려면 공부 잘하는 것이 우선이라는 가치관을 심어준다. 친구와의 경쟁에서 이길 것을 강요하고 공부 잘하는 자식은 예뻐하다 못해 상전처럼 모시지만 반대로 공부 못하는 자식은 애물단지로 인식하곤 한다.

많은 아이들의 마음이 병들어 있다. 우리나라 청소년 사망 원인 1위가 자살이다. 경제협력개발기구(OECD) 국가 중 한국 청소년 자살률이 1위인 사실은 이제 새삼스러운 뉴스도 아니다. 10대 청소년은 늘 학업 스트레스에 시달린다. 성적 외에 다른 재능으로는 존재감을 인정받기 어렵다.

소아정신과 의사 서천석은 『아이와 함께 자라는 부모』에서 많은 부모에게 아이는 자아를 확장하는 도구라고 말한다. 병원에서 아이 문제로 고민하는 부모와 이야기해 보면 아이의 성공을 위해 노력한다지만 정작 그 뒤에는 부모 자신의 욕망이 도사리고 있다고 한다. 아이와 부모 자신의 경계를 인정하고 부모가 원하던 바를 아이가 성취했다고 아이가 행복할 것이라는 순진한 생각을 포기라고 말한다.

부모 자신이 원하던 것을 아이가 대신해 주리라 기대하며 아이를 통해서 내 욕구를 채울 생각을 버려야 한다. 내가 낳았지만 내 소유물은 아닌 게 바로 아이다. 내 것이 아닌 것에는 더욱 조심하게 되듯 아이를 대하는 마음도 그래야 한다고 생각한다. 아이의 옆에서 격려하고 도와줄 수는 있어도 아이의 인생까지 내 마음대로 관여하고 휘둘러서는 곤란하다. 아이와 나를 동일시하지 않고 아이를 내 중심에서 내려놓을 때 엄마도, 아이도 행복해질 수 있다.

엄마가 해야 되는 건 아이가 무한 경쟁사회에서 승자가 되도록 키우는 것이 아니다. 아이가 삶의 중요한 가치를 깨치고 스스로 원하는 것을 찾을 수 있도록 기다려주고 도와주면 그걸로 족하다. 그렇게 아이 스스로 찾아가는 게 진짜 아이 인생이 아닐까?

2. 엄마의 욕심이라는 감옥

아이의 꿈 이야기

아침에 첫째 아이가 잠에서 깨자마자 나에게 달려와 너무 억울하다는 듯이 하소연한다.

"엄마! 엄마! 나 너무 기분 나쁜 꿈 꿨어."

"응? 무슨 꿈?"

"터닝메카드 할 시간이라서 너무 좋아서 기다리고 있었는데 띵동하고 현관에서 벨이 울리는 거야. 그래서 나가보니 책이 배달됐어. 무슨 책인지 너무 궁금해서 책 제목만 확인하고 터닝메카드 봐야지 했는데, 책을 여는 순간 내가 감옥에 내가 갇혀 버렸어. 그래서 거기서 못나오고 결국 터닝메카드 못 봤어! 윽!"

비록 꿈이었지만 아이는 자기가 젤 좋아하는 TV 만화를 놓쳤다는 것에 대해 무척 속상해했다.

그런데 꿈 얘기가 심상치 않다. 책이 배달됐는데 너무 궁금했다는 건 아이가 책에 호기심이 있다는 의미 같았다. 그런데 그 책을 펴는 순간 감옥에 갇혀버렸다니! 아이의 꿈 얘기를 들었을 때 내 마음에서 쿵하는 소리가 들렸다.

'아, 균이가 책을 갑갑하게 생각하는구나! '

TV에 빠진 아이, 불안한 내 마음

첫째가 초등학교 1학년 때, 난 일 때문에 매일 밤 늦게 퇴근했다. 아침잠에서 덜 깬 둘째는 자는 상태로 옷을 입혀서 들쳐 업고 할머니 집으로 데려다줬다. 첫째는 학교 가는 시간이 정해서 있으니 7시쯤 깨워서 매일 한 두 가지 찬과 국에 말은 밥을 먹여 등교시키기 바빴다. 저녁엔 일에 지쳐 거의 탈진 상태로 퇴근을 하니 아이 숙제나 알림장조차 못 봐주고 그냥 뻗어 자는 날도 많았다.

사실 첫째가 초등학교 입학 전까지 나는 두 아이를 키우는 데 많은 정성을 기울였다. 실수도 있었고 조금 서투르긴 했어도 항상 아이들의 눈빛을 읽으려 노력했다. 내 아이들과 매 순간 많은 교감을 나누려 노력했다. 어릴 때부터 부지런히 동화책을 읽어주며 이야기를 나눴다. 아이들은 엄마와 책 읽는 시간을 무엇보다 사랑했다. 형제가 경쟁적으로 책을 뽑아오고 내가 읽어주는 책 속 세상에 흠뻑 빠져서 매번 조금 더 읽어달라며 졸라댔다. 덕분에 첫째는 별다른 사교육 없이 이미 대여섯 살부터는 스스로 책을 읽으며 놀곤 했다.

하지만 복직 후에는 우리 부부 둘 다 퇴근이 늦으니 아이들을 할머니 댁에 맡겼다. 작은 미용실을 운영하시는 아이들 할머니, 즉 나의 시어머니는 하루 종일 손님들 머리를 만지시느라 서서 일을 하신다. 부랴부랴 퇴근해 손주들 저녁 밥 챙겨 먹이는 것만으로도 얼마나 힘에 부치셨을까? 그때 생각만 하면 참 죄송하고 감사하다. 하지만 엄마 마음이라는 게 그렇다. 할머니가 살뜰히 보살펴 주시니 감사하기 그지없지만 우리가 퇴근해서 데리러 갈 때까지 할머니 할아버지와 TV 드라마 보는게 일상화되니 속이 편하지는 않았다. 어느 순간 나는 듣도 보도 못한 드라마 내용을 첫째가 다 꿰고 있었다. 아침마다 동화책을 에코백에 몇 권씩 챙겨 보내긴 했지만 고생하시는 시부모님께 아이들 책 읽는 환경을 위해 TV를 꺼달라고 부탁드릴 수는 없었다. 손주 사랑이 지극한 우리 시어머니는 피곤한 와중에도 둘째가 책 읽어달라고 내밀면 마다하지 않으셨다. 하지만 대부분의 저녁 시간은 할머니 할아버지와 드라마를 보는 시간으로 자리 잡아갔다.

시간이 쌓이니 책보다는 좀 더 자극적인 TV시청이 점점 습관으로 굳어가는 듯 했다. 아이들에게 어릴 때부터 과한 자극을 주지

않으려 노력했다. 게임이나 TV, 각종 영상에 일찍 노출되어 책이
주는 은근한 재미를 모르고 크면 책을 다시 즐기기까지 너무 많은
시간을 돌아온다는 걸 내 경험으로 알 수 있었다. 어릴 때부터 책
을 가까이 하며 배움을 즐기고 삶의 소중한 가치를 알아가는 아이
들로 키우고 싶었다. TV나 스마트폰보다는 바깥에서 뛰어놀며 건
강한 몸과 마음을 가지며 크길 바랬다. 하지만 현실적으로 퇴근이
늦는 내가 아이들을 책과 놀이로 키우기가 힘들었다. 그동안 내가
가치를 두고 애쓴 시간들이 이렇게 다 흐트러져 버리는구나 싶었
다. 시간이 갈수록 나는 불안해지기 시작했다.

맞벌이를 하느라 아이와 함께 해줄 수 없는 빈 자리를 아이들의
할머니 할아버지가 채워주셨다. 사랑으로 보듬어 주시고 하나라도
더 챙겨 먹이려 애서 주셨다. 그런 부모님이 계셨기에 우리 부부가
그렇게라도 같이 일을 할 수 있었다. 시부모님이 없었다면 복직 후
그 바쁜 시기에 직장 생활과 육아를 병행하는 것 자체가 불가능했
을 지도 모른다.

하지만 그 때는 아이를 맡기면서도 자꾸 욕심이 올라와 부모님
께 내심 섭섭함을 느끼기도 했다. 아이를 맡기는 것만도 감지덕지
였지만 또 한편으로는 저녁마다 드라마를 끼고 지내는 아이를 보
는 건 못마땅했다. 사정이 이러하니 내 불안한 마음이 첫째에게 향
했다. 책읽기를 숙제로 내줬다. 내 불안하고 조급한 마음을 그 순
간 다스리지 못하고 아이와 내 교감의 매개체였던 동화책을 의무
적인 숙제로 내 준 것이다.

그 전까지는 언제든 아이가 원할 때마다 주저앉아 즐겁게 읽어

주었다. 내가 읽어주기도 하고 나란히 각자의 책을 읽으며 이야기 꽃을 피우기도 했다. 책 읽는 시간은 단순히 독서를 한 것이 아니라 아이와 나의 따뜻한 추억의 시간이었다. 그 추억을 그 때부터 숙제로 바꿔버렸다. 읽었는지 확인하기 위해 책의 내용을 슬쩍 물어보곤 했다. 아이가 제대로 안 읽었다는 느낌이 들면 "진짜 읽은 거 맞아?"하고 되물으며 아이에게 부담을 안겨줬다.

여느 부모들과 마찬가지로 나도 내 아이들이 책을 좋아하며 크길 원한다. 엄마가 배우며 자란 작은 세상보다 책 속에서 좀 더 큰 세상을 보고 배우며 클 수 있길 바란다. 엄마의 작은 지식으로 알려줄 수 있는 한정된 지식보다 더 큰 배움을 책을 통해 스스로 받아들이며 크길 원한다. 그런 마음으로 아이가 어릴 때부터 책으로 즐거운 몰입을 경험하게끔 밥 삼아 놀이 삼아 읽어 주었다. 덕분에 우리 아이들은 비록 지금 당장 눈에 띄는 영재의 아웃풋을 보이지는 않지만 책을 즐기며 바른 인성을 가지고 크고 있다고 생각한다.

하지만 아직 체계가 덜 잡힌 어린 아이들이라 그런지, 아니면 그 때가 마침 항아리를 비우는 시기였던 건지 막상 책보다 더 강한 자극이 들어오니 서서히 책보다는 TV에 빠져갔다. 현실적으로 내가 챙기지도 못하면서 그런 아이들을 계속 보고 있자니 속도 상하고 불안했다. 어쩌면 책을 사랑하는 아이로 키우고 싶다는 내 생각 속에는 책을 많이 읽어서 똑똑한 아이로 키우고 싶다는 나도 모르는 욕심이 숨어 있었던 건 아닐까?

책을 읽혀야한다는 생각이 나도 아이도 힘들게 했다. 하지만 아이 꿈 얘기를 들었을 때는 아차 싶었다. 워낙 감정이 섬세한 아이라서 그 순간 느낀 감정을 꿈으로 꾸는지도 모르겠다. 하지만 분명한 건 나 스스로 떳떳치 못한 부분이 있었기에 아이 꿈 얘기를 듣는 순간 마치 뜨거운 물에 데인 듯 깜짝 놀랐다.

'나는 책으로 공부를 시키려던 게 아니었어. 내 초심을 다시 생각하자!'

마음을 고쳐먹었다. 내 불안을 스스로 잠재우지 못하고 아이를 강제로 끌고 가려 한 게 너무 부끄러웠다. 나 때문에 그토록 책을 좋아하던 아이가 책을 갑갑하게 여기기 시작한 거 같아 너무 미안했다. 결국 내 마음이 문제라는 걸 깨닫고는 아이에게 말했다.

"균아, 매일 책읽기 숙제가 부담스러웠지? 균이가 읽기 싫다하면 엄마가 억지로 읽으라고 얘기 안하께. 엄마는 책 읽는 게 재밌고 책에는 새로운 세상이 막 펼쳐져서 그걸 우리 아들도 느꼈으면 해서 읽자고 한 거였어. 이제 싫으면 안 읽어도 돼"

"싫은 건 아닌데, 음...잘 모르겠어"

내 아이에게 책이란?

첫째는 진작 한글을 뗐고 그동안 혼자서도 꽤 잘 읽곤 했기에 충분히 읽기 독립이 됐다고 생각했다. 엄마가 읽어주는 건 그 정도면 충분하다고 생각했다. 사실 퇴근 후에는 너무 피곤해서 자기 전 당시 4살이었던 둘째가 들고 오는 겨우 몇 의 책을 읽어주는 것만으로도 벅찼다. 늦은 퇴근 후 둘째에게 책을 읽어주노라면 피곤이 몰려와 눈꺼풀이 절로 감겼다 읽던 줄을 몇 번이나 다시 읽고 나도 모르게 잠이 들어 잠꼬대로 읽어주기도 했다. 거기에 첫째까지 예전처럼 책을 가져와 내게 읽어달라고 했다. 난 생각했다.

'아휴, 피곤해주겠는데 초등학생이 무슨 책을 읽어 달래? 내가 너 7살까지 입에서 단내 나게 읽어줬다. 아이고! 이젠 제발 너 혼자 좀 읽어라 응?!'

혼자서도 잘 읽었던 아이가 새삼스레 책 읽어달라는 게 솔직히 귀찮았다. 초등학생이 됐으니 이제 좀 알아서 읽기를 원했다.

하지만 뒤늦게야 아이의 마음을 돌아볼 수 있었다. 내가 복직을 하면서 아이는 갑자기 오랜 시간 엄마와 떨어져 지내게 되어 엄마가 많이 그리웠던 거다. 글자를 몰라서가 아니라 엄마가 읽어주는 책을 통해 예전처럼 엄마의 사랑을 확인하고 싶었던 것 같다. 그런 아이의 마음을 몰라주고 "혼자 잘 읽는데 뭘 자꾸 읽어 달라고 하냐"며 동생 책 읽어주는 걸 핑계 삼아 거절했다. 사실 퇴근하고 몸은 고단한데 둘째가 잠도 안자고 늦게까지 무한반복으로 읽어달라고 할 때면 울고 싶은 심정이었다. 그런 상태에서 첫째까지 챙길 몸과 마음의 여유가 없었다. 엄마의 거절이 반복됐을 때 아이의 마음이 어땠을지 그제야 느껴졌다. 마음이 아렸다.

그때부터 난 지금까지 자기 전에 아이가 원하면 책을 읽어준다. 첫째는 평소에는 혼자서 읽다가도 잠자리에서는 엄마나 아빠가 책을 읽어주길 바란다. 예전부터 아이와 나란히 누워서 책을 읽을 때는 꼭 붙어서 서로 맨발을 부비적거리고 볼에 뽀뽀를 해가며 책을 읽는다. 내가 둘째를 본다고 못 읽어줄 때면 남편이 잠자리에서 읽어주려 한다. 처음엔 자기 전 한권 정도는 다시 읽어줘야지 했는데 요즘은 그냥 원하는 만큼 읽어준다. 그럼 아이는 더 듣고 싶어서 눈을 부비며 '한권 더! 한권 더!'를 외친다. 아이가 눈을 감고 있어서 자는 줄 알고 읽기를 멈추면 귀신같이 알아채고 눈을 딱 뜨며 말한다.

"엄마 귀로는 계속 듣고 있어. 눈 감고 상상하고 있는 거니깐 눈 감았다고 내가 잔다고 생각 하지 마. 그러니깐 계속 계속 읽어 줘야 돼"

아이는 그렇게 책 읽어주는 소리를 들으며 자연스레 잠 드는 걸 좋아한다. 그 시간이 아이한테 얼마나 행복한 시간인지 잘 안다. 이 시간이 그리 길지 않을 거라는 것도 잘 안다. 더 이상 조바심 내며 아이가 하루 몇 권의 책을 읽었는지 세지 않는다. 책을 몇 권 더 읽고 한글을 몇 살에 떼고 하는 게 본질이 아니다. 아이에게 책을 접하게 하는 이유는 책을 통해 아이가 보다 많은 꿈을 깨치고 그 꿈을 스스로 이뤄나갈 수 있는 내면의 힘을 키워주기 위함이다. 내 아이가 행복한 사람이 되길 바라는 게 본질이다. 부대끼며 함께한 책 속 이야기 여행은 엄마와의 따뜻한 추억으로 기억될 것이다. 아이와 베갯머리에서 책을 읽고 이야기를 속닥거렸던 기억은 내게도 행복한 추억이다.

자기 전 끌어안고 들었던 엄마의 책 읽어주는 목소리가 아이가 세상을 살아가다 흔들릴 때 아이를 잡아주고 따뜻하게 감싸주는 목소리로 기억되길 바란다. 내 아이에게 동화책은 엄마의 사랑으로 기억되길 바란다.

3. 아이가 빈둥거리는 걸 못 참겠다

아이가 빈둥거리는 걸 못 참는 부모들이 많다. 방학을 앞두고 시간 단위로 아이의 스케줄을 짜는 엄마들이 얼마나 많은가? 하지만 많은 전문가들은 아이가 빈둥거리며 놀 때 내면의 창의성을 키우게 된다고 조언한다. 지루함이 새로운 행동과 활동에 대한 열망을 부르고 동기를 부여하게 된다고 한다. 항상 무언가를 해야 된다는 엄마의 강박과 조급증을 버려야 된다. 그래야 아이의 스스로 자신만의 놀이를 찾는다.

엄마의 기다림, 아이를 스스로 크게 하는 힘

　내가 불안하다는 이유로 첫째에게 책읽기 숙제를 내줄 때 한 술 더 뜬 것이 있었으니 바로 독후감 쓰기였다. 초등학교 저학년에게 독후감은 힘든 숙제다. 오히려 책에 대해 부담감을 안겨준다. 하물 며 1학년 아이에게는 오히려 독이 될 수 있다. 역시나 아이가 재밌 게 읽은 책도 독후감을 써보라고 하니 책 읽기 자체를 더욱 갑갑한 숙제로 생각했다. 나 역시 아이의 독후감을 읽는 건 쉽지 않았다. 맞춤법이 틀린 것도 영 눈에 거슬렸고 문맥이 앞뒤가 안 맞으면 뜯 어 고쳐주고 싶었다. 줄거리만 장황하게 써놓은 글을 볼 때면 "니 생각은 왜 없냐"며 묻고 "독후감은 말 그래도 독(讀)서하고 난 뒤 의 네 감(感)상을 적는 거야. 이렇게 줄거리만 나열하는 건 독후감 이 아닌데…"라며 나도 모르게 지적질까지 하고는 뒤늦은 후회를 했다.

　아이가 점차 책을 버거워하기 시작하는 데 한 몫 단단히 했다. 내 가 그렇게 바보짓을 하고 앉아 있었으니 아이가 그런 꿈을 꿨었는지 도 모르겠다. 점점 안드로메다로 가고 있는 아이와의 독서활동.

　하지만 아이 꿈 얘기를 들은 그 날 책읽기 숙제며 독후감 쓰기까 지 바로 접었다. 다만 아이가 원할 때마다 언제든 책 읽어주는 것 은 꾸준히 했다. 내 불안을 걷어내고 기다려주니 아이는 얼마 지나 지 않아 저 스스로 다시 책을 읽었다. 책을 읽곤 마인드맵을 그리 기도 하고 책 줄거리 관련 지도나 주인공들 가계도를 그리며 놀았 다.

　작년 첫째 학교에서 다독왕을 뽑는다고 했다. 다독왕 선별 기준은 독후감 숫자와 학교도서관 대출 기록이었다. 아이는 학교 독후 감은 숙제로 내주는 인증도서와 추천도서만 다 채운 정도지만 평소 독서는 꾸준히 밥 먹듯 항상 해왔으니 조금 아쉬운 마음도 들었다.

책을 열심히 읽었으니 기왕이면 다독왕이 됐으면 좋겠다는 마음 이 잠시 들었지만 그 기준에 맞추려 해봤자 애만 잡고 나도 잡히고 또 바보짓 할 게 뻔했다. 아예 관심을 끊었다. 그런데 며칠 뒤 아이 가 와서 말했다

"엄마 우리 반에 다독왕 민이가 독후감을 매일 1개씩 써서 86개 나 썼어!"

"우와! 대단하다. 민이 멋지네! 꾸준히 매일 쓴 거야?"

"어! 매애~~일! 그래서 이제부터 나도 한번 해보려고!"

"우와 대단하다. 균아 그런 생각을 하다니 너도 진짜 짱이다~!"

엄마의 기다림이 아이를 어떻게 스스로 키우는지 다시금 깨달았 다. 나만 조급해하지 않고 기다려 주니 아이는 스스로 길을 찾아갔 다. 방임을 하라는 게 아니다. 아이를 따뜻하게 지켜봐주면서 기다 려주는 것. 엄마의 인내가 필요한 부분이다. 나도 그랬지만 주위에 많은 엄마들이 스스로의 불안을 이기지 못해 잠시도 아이를 기다 려주지 못한다. 쉴 새 없이 아이 손을 잡아서 앞에서 끌고, 뒤에서 밀어댄다. 요즘같이 교육 정보가 쏟아지고 경쟁을 부추기는 사회 에서는 아이를 기꺼이 기다려줄 수 있는 엄마의 단단한 마음이 더 욱 필요한 듯 하다.

아이가 만들어내는 놀이

첫째 녀석은 남자 아이치고 말이 엄청 많다. 한마디로 수다쟁이다. 나와는 다르게 처음 보는 사람들과도 스스럼없이 대화하고 자기 얘기를 막 한다. 이 수다쟁이는 요즘 무엇이든 진행하는 걸 좋아한다. 몇 년째 선생님 역할 놀이에 푹 빠져있더니 요즘은 한 번씩 보는 '캐리와 장난감 친구들'이라는 유튜브의 캐리 누나의 흉내를 내며 인형극을 진행하기도 한다. 그 인형극을 동영상으로 촬영해 자기 유튜브를 개설하기까지 했다. 얼마 전 정기 구독자까지 몇명 생긴 걸 보고 한참 웃었던 기억이 난다.

새로운 책을 사주면 동생보다 자기가 더 신이 나서 정말 선생님인양 동생과 수업을 한다. 4살 터울 동생에게 뭘 좀 가르쳐주면서 잘난 체를 해보지만 사실 동생이 자기 수준에 한참 못 미치니 답답해한다. 나는 아이의 6년차 오바쟁이 학생이다. 무한 반복되는 아이의 수업을 들으며 오바 리액션을 하고 있지만 사실 이젠 기력이 좀 딸린다. 멍청한 학생 역할이 슬쩍 지겹기도 하다.

첫째는 대화 수준이 안 맞는 동생과 오바 리액션의 강도가 점점 떨어져가는 엄마를 상대하는 것으로 만족하지 못했다. 결국 아이가 고안해 낸 자기의 욕구 분출 방법은 자기 수업이나 진행을 동영상으로 찍어서 캐리 누나처럼 유튜브에 올리는 것이었다. 가만히 보면 별별 스토리가 다 있다. 단순히 자기가 아는 내용에 대해 수업을 하는 것만이 아니다. 물건을 파는 쇼 호스트도 됐다가 어린이 방송 프로그램 진행자 역할도 한다. 단순히 내용 전달이 아니라 가상의 시청자와 묻고 답하며 '쌍방향 소통'으로 진행한다. 「찰리와

『롤라』에 나오는롤라의 가상친구 소찰퐁이가 우리 집에도 있다.

여전히 퇴근하는 나를 바로 낚아채서 그 날 있었던 일부터 네버 앤딩 수다를 늘어놓는 것도 마찬가지다. 요즈음은 밑도 끝도 없는 이야기들을 만들어내서 '대박 재밌는 이야기'라며 들려주는데 사실 재미없다. 솔직히 끝까지 집중하고 듣기가 여간 힘든게 아니다. 하지만 말은 언제나 한결같이.

"우와 진짜? 대박! 완전 재밌어!"(전자동 시스템)

동생을 가르칠 때나 유투브에 동영상을 찍어 올릴 때, 혹은 자기가 지어낸 이야기를 내게 들려줄 때 아이의 눈빛이 얼마나 반짝거리는지 잘 안다. 아이는 따로 시키지 않아도 생각을 말로 표현하는 연습을 매일 즐기며 하고 있다. 아이 스스로 만들어 내는 놀이가 아이의 하루를 건강하게 만들어주며 스스로 크게 하는 힘의 원동력이 되지 않을까 생각한다. 아이의 놀이에서 어떤 학습적인 효과가 있느냐 없느냐를 떠나서 그 시간 자체를 즐기고 몰입하는 경험만으로 충분한 가치가 있다. 아이는 신나게 놀아야 산다. 아동문학가 편해문 작가는 말한다.

"아이들은 오랫동안 '놀이'라는 은혜로운 햇살과 빗줄기를 받고 자랐습니다. 아이가 시들면 얼른 놀이의 햇살과 빗줄기를 흠뻑 맞을 수 있는 양지에 내어 놓아야 합니다. 아이들이 품고 있는 씨앗은 놀이라는 햇살과 빗줄기 아래 놓일 때 비로소 싹이 트고 꽃이 피고 튼실한 제 나름의 열매를 맺기 때문입니다. 그래서 놀이는 아이들의 밥입니다"

아이들은 놀아야 산다.

4. 아이가 자라니 엄마 욕심도 자라지

엄친아에 민감한 엄마

아이가 어릴 때는 두 뺨의 솜털 한 올 한 올, 작고 뾰족한 입술, 몽실몽실한 엉덩이, 게다가 날 닮아 납작 몽땅하게 못생긴 손가락과 발가락까지 참 모든 게 사랑스럽기만 했다. 아, 물론 잘 때가 젤 예쁘다는 건 두 말하면 입 아프다.

엄마들은 흔히 "애기 낳기 전엔 몰랐는데 낳고 보니 눈에 넣어도 안 아프다는 말 그거 진짜더라" 라는 말을 많이 한다. 애를 직접 낳아보니 그렇게 예쁠 수 없다며 친구들과 깨방정을 떤다. 내가 그랬다. 그런데 아이가 유치원에 들어갈 즈음부터 주위 아이들, 즉 비교 대상이 하나 둘 눈에 들어오기 시작한다. 많은 엄마들이 평소에는 말한다.

"네 존재 자체로 사랑해 아들"

"우리 딸 최고로 예쁘다"

"이 아이가 내 아이라는 게 얼마나 감사한지 몰라"

그러다 또래 아이를 만나면 끊임없이 머릿속으로 발육 상태부터 학습 능력 등을 자기 아이와 비교한다. 특히 오랜만에 만난 친구 아이(엄친아)를 본 날은 그 증상이 최고조에 달한다.

'쟤는 한글 벌써 다 뗐데. 헉! 영어책을 혼자 읽어?'

'한자 급수 시험에서 몇 급을 땄더라?'

'우리 애보다 키가 꽤 크네? 얘는 도대체 뭘 먹는 거야?'

하필 그런 날 우리 애는 오랜만에 만난 친구를 보고 반갑고 흥분이 되어 식당에서 장난을 치며 뛰어다닌다. 깔깔거리며 뛰어다니다 다른 손님과 부딪히고 물 컵을 엎기까지 한다. 그날따라 아무리 주의를 줘봐도 귀에 솜뭉치라도 들어 가 있는 건지 엄마 목소리가 전혀 들리지 않는다. 오랜만에 친구 만나서 수다도 떨며 스트레스 풀려고 했더니 완전 낭패. 말로만 듣던 엄친아 앞에서 우리 아이는 더 작게만 보인다. 그때부터는 웃어도 웃는 게 아니다. 친구랑 헤어진 그 날 밤, 잠이 안 온다. 집에 와서 학습지며 학원이며 분노의 검색질이 시작된다. 엄마의 눈에서 불꽃이 튄다.

남에게 내 아이가 어떻게 보이냐에 따라 엄마의 감정이 좋았다 나빴다 하는 건 결국 엄마 자신의 문제다. 엄마의 자존감이 낮으면 남에게 어떻게 보이는지 자꾸 남의 시선에 신경을 쓰게 된다. 엄마 내면이 충만하지 않아서 다른 사람 평가에 민감하게 반응하는 것이다. 다른 사람의 시선에 신경 쓰일 때는 엄마의 감정도 마구 요동친다. '내 삶의 중심은 나'라는 당연한 말이 지켜지지 않고 다른 이의 시선을 내 삶에 중심에 놓고 이리저리 휘둘리며 힘들어 한다. 남의 인정 여부로 내 가치를 평가하니 항상 비교하며 불안해한다.

더 큰 문제는 엄마 자신 뿐 아니라 아이도 자기 분신으로 여기고 아이가 뭘 좀 잘하면 본인이 더 으쓱해하고 아이가 부족하면 괜히 엄마가 움츠려든다. 그래서 엄친아를 만나고 온 날은 괜히 내 애만 더 잡게 된다.

그런 엄마의 태도는 엄마의 자존심에만 영향을 주는 게 아니라 아이에게도 고스란히 전해진다. 다른 아이와 비교 당하며 자란 아이는 엄마와 마찬가지로 낮은 자존감을 가지게 되는 악순환이 반복된다. 자기보다 똑똑하고 잘나 보이는 친구한테는 열등감과 시기 질투를 느끼고 자기보다 못하다 싶은 친구 앞에서는 우쭐해하는 자만심을 가진다.

실재와 허상의 관계에 대해 사유한 프랑스 철학자 장 보드리야르는 현대 사람들이 보여지는 이미지에 너무 익숙해져 세상의 실체에 대해서는 무감각해지고 있다고 지적했다. 합성된 이미지를 통해 위조된 현실을 보는 데만 익숙해진다는 얘기다. 요즘 누구나 SNS 한 두 개쯤은 한다. 거기에 올리는 사진은 대체로 보정이 필

수다. 예쁘고 행복해 보이는 사진만 다듬어 올린다. 슬프거나 화날 때는 사진을 안 찍으니 자연스레 올리는 사진은 다 즐겁고 행복한 사진뿐이다. 문제는 다른 사람이 올린 만들어진 이미지만 보고 남들은 다 행복한 거 같은데 나만 왜 이렇게 사나 비교하며 한숨 쉬곤 하는 사람이 많다는 점이다.

사실 남과 비교를 하자면 결코 만족이란 건 없다. 자기보다 잘난 사람은 분명 어디를 가도 있다. 신이 아닌 이상 모든 부분에서 완벽할 수 없다. 어떤 부분이든 나보다 잘난 사람은 있게 마련이다. 남과 비교를 하면 반드시 나에게 열등한 부분이 있으니 어찌 만족을 하고 진정한 행복감을 느낄 수 있을까? 비교는 남과 하는 것이 아니라 '어제의 나'와 해야 된다. 어제보다는 1% 나아진 모습으로 살아가는 것, 어제보다는 1% 더 노력하는 것. 그게 진짜 비교다.

수족관에서 비교 말고 강물에 놓아줘

얼마 전 오후 반차 휴가를 내고 첫째 아이 초등학교 학부모 참관 수업을 다녀왔다. 초등학교 2학년 애들이 올망졸망 앉아 있는 게 참 귀여웠다. 뒤에 서 있는 자기 엄마한테 잘 보이고 싶어 선생님이 무슨 질문만 하면 다들 팔이 떨어져라 손을 번쩍번쩍 들었다. 우리 어른들은 강사가 질문하면 일부러 눈을 안 마주치려고 슬쩍 외면하거나 고개부터 숙이곤 하는데 역시 초등 저학년들은 달랐다.

선생님이 우리 아이에게도 발표 기회를 주셨다. 주제는 '우리 동네 공공장소와 공공시설 말하기'였다. 그런데 우리 아이는 장소를 묻는데 "공중전화기!"라고 하질 않나 "공원 벤치!"라고 하질 않나. 큰 소리로 씩씩하게 오답을 말했다. 순간 살짝 민망하긴 했다.

여기저기서 키득키득 웃으니 아이가 뒤돌아서 나를 쳐다봤다. 난 활짝 웃으며 엄지를 세워 보여줬다. 뭐 어떤가? 손들고 발표한 용기가 충분히 예쁘지 않은가. 초등학교 2학년인데 모르면 이제 배우면 된다. 우리 애는 그 공개 수업시간에는 '장소'와 '시설'을 금방 구분 못했지만 이젠 확실히 안다. 뒤에 자기 말로는 엄마한테 자랑하고 싶어서 빨리 대답하느라 질문을 제대로 못 들었다나.

아이는 앞으로 배워나갈 게 무궁무진하다. 다행히 뭘 배우는 걸 아주 좋아하고 호기심이 많다. 늘 자기가 선생님인 척 가르치는 건 더 좋아한다. 그래서 내가 아직까지 학생 역할에서 못 벗어나고 있는 건지도 모르겠다.

우리가 누군가를 바라볼 때는 내 희망을 담아 내가 바라는 이미지를 덧입혀서 보곤 한다. 내가 기대했던 것과 다른 부분이 있으면 혼자 실망한다. 아이를 있는 그대로 보지 못하고 많은 엄마들이 내가 바라는 '아이 상'을 만들어서 본다. 내가 만들어 놓은 '아이 상'과 다르면 실망한다. 내가 바라는 틀에 아이를 가두면 아이는 그 속에 갇힌 채 딱 그만큼 자란다. 자라다가 시들기도 한다.

일본에 '코이'라는 비단 잉어가 있다. 이 잉어를 작은 수족관에 5~8cm 정도 자라지만 연못에서는 15~20cm, 강물에서는 90~120cm까지 자란다고 한다. 많은 엄마들이 내가 바라는 '아이상'을 이미 정해놓고 엄마가 상상할 수 있는 작은 수족관 속에서 아이를 키우고 있다. 그건 더 클 수 있는 아이의 한계를 엄마가 미리 만들어주는 것 밖에 안 된다.

아이들은 어디로 뻗어나갈지 모르는 공 같은 존재다. 엄마가 경험한 세상 그 이상, 엄마가 상상할 수 있는 세계와는 그 너머까지 얼마든지 무한대로 클 수 있다. 아이의 틀을 엄마가 미리 만들어서 그 안에 가두고 비교하고 심판하려 하지 말자. 우리 아이가 강물로 뻗어나갈 수 있도록 무한대의 가능성만 열어두면 된다.

아이를 내 수족관에 가두고 자꾸 작은 물고기들과 비교하지 말자.

5. 기꺼이 아이의 식모가 되어줘라

자소서 정도는 엄마가 써주는 게 당연하다고?

얼마 전 신문에서 대학 입시 관련 기사를 봤다. 2017학년도 대입전형에서 수시 모집이 사상 처음 70%를 넘어섰고, 수시입학의 85%를 학생부 전형으로 선발한다는 내용이었다. 학생부 전형은 학생부 교과전형과 학생부 종합전형으로 이뤄져 있다. 교과전형은 말 그대로 고등학교 3년 교과 성적에 대한 평가이고, 종합 전형은 교과 성적과 학교생활기록부에 대한 평가로 이루어진다. 학교생활 기록부 평가 항목으로는 교내수상실적, 인증 자격시험, 독서활동,

창의적 체험활동, 행동특성 및 교사의 종합의견란 등이 있다. 그리고 창의적 체험활동에는 동아리활동, 봉사활동, 진로활동 등이 있다.

상황이 이러니 대학입시에서 체계적인 학생부 관리가 더욱 중요해졌다. 독서활동, 동아리 활동, 봉사활동 등에 관한 학생부 활동을 돕기 위해 독서록을 부모가 대신 써주는 일이 다반사라고 한다. 주위에 수험생을 자녀로 둔 많은 사람들은 독서록 뿐만 아니라 봉사활동, 수행평가, 자소서까지 부모가 나서서 챙기고 심지어 대신 해주는 것을 당연하게 생각하고 있다. 오히려 그걸 자상한 부모라고 생각한다.

고등학생이 공부할 시간도 부족한 판에 다양한 입시전형에 맞춰 학생부 관리를 할 시간이 없다고 한다. 부모의 힘을 빌리지 않고 아이 스스로 준비 하도록 방임하는 부모는 무심한 부모가 되어 버리곤 한다.

비단 고등학생 뿐 만 아니라 요즘은 초등학생 상장까지 부모가 챙겨야하는 일이 되었다. 학교에서는 다양한 외부기관에서 주최하는 그림대회, 독후대회, 포스터 경진대회 등 많은 대회 안내장과 참가신청서를 자주 보내온다. 일찍이 아이의 다양한 외부활동과 표창 경력 관리를 위해서라면 초등학생 때부터 엄마가 대회에 참가할 수 있도록 발 빠르게 도와주어야 한다며 부산스럽다. 대회에 참가하는 아이의 그림의 밑그림을 대신 그려주고 색칠까지 도와주곤 한다. 그렇게 엄마나 아빠의 실력으로 아이가 상을 받으면 그

상이 아이의 자존감을 높여주었다고 착각한다. 이렇게 아이 공부할 시간을 벌어준다는 생각으로 엄마가 도와주는 것이 아이의 인생에 어떤 도움이 될까?

아이가 집안일 해보겠다면 겁부터 나는 엄마

"엄마 엄마, 나도 과일 깎아볼래"

"안 돼. 손 다쳐"

과일 다 비져 놓고 끈적끈적 손도 다시 다 씻겨야 되니 아이가 해본다고 나서면 사실 귀찮다. 그러다 손이라도 벨까봐 걱정도 된다.

"엄마아~ 내가 설거지 해주께"

"설거지? 그릇 깨지면 손 다쳐. 담에 좀 더 크면 도와주세요"

아이들이 설거지를 도와(?) 준다는 것은 곧 바닥을 물구덩이로 만들어 놓고 내게 몇 배의 일을 안겨주는 일이다. 저런 말을 하면 사실 겁부터 난다. 그릇도 제대로 씻기지 않아 내가 다시 설거지할 것도 뻔하다. 퇴근해서 부랴부랴 식사 준비하려면 정말 바쁜데 자꾸 해보겠다고 하면 여간 성가신 게 아니다. 그냥 제 방에서 놀고 있으면 어련히 좋을까 싶기도 하다. 아이들이 조금씩 커가면서 늘어나는 호기심만큼이나 뭐든지 자기도 해보고 싶어 안달이었다.

하지만 나 같은 워킹맘에게는 항상 느긋이 기다려주며 아이가 뭐든 자기 손으로 경험해 볼 기회를 갖도록 배려해 주는 것이 물리적으로 불가능할 때도 많았다. 과일은 내가 깎아주는 게 편했고 설거지며 요리도 나 혼자 해치우는 편이 훨씬 나았다. 아이와 함께 하게 되면 그때부턴 일이 2배, 3배 아니 10배 정도로 늘어났다.

아이가 태어나서 이유식을 시작한지 얼마 안됐을 때의 일이다. 아이는 내가 떠먹여주는 이유식을 온몸으로 거부하기 시작했다. 자기가 꼭 숟가락을 직접 쥐고 먹어야 했고, 숟가락을 흔들어 대며 죽을 사방으로 뿌려댔다. 이유식 그릇을 접시 째 바닥에 뒤집고 문질러 대며 놀기도 했다. 그렇게 온 방을 돌아다니니 매끼마다 목욕도 새로 시켜야 되고 찐득찐득해진 거실 바닥도 닦아야 했다. 둘째와 이유식 먹이기 전쟁을 치르느라 탈진하는 날이 많았다. 너무 힘들어서 아이에게 숟가락을 쥐어주기보다는 내가 떠먹여 주고 싶었다.

시간이 조금 지나고 나서 내가 한 행동이 잘못됐음을 깨달았다. 조금 더 걸리고 서툴러도 아이에게 같이 해볼 수 있도록 의자를 받쳐주고 앞치마를 둘러줬어야 했다. 아이 나이에 비해 위험한 일만 아니면 내가 옆에서 도와주면서 같이 해볼 수 있었다. 그 순간 나 좀 편하자고 아이 호기심 싹을 싹둑싹둑 잘라준 어리석은 엄마가 나였음을 그리 오래지 않아 알 수 있었다. 조금 귀찮다고 스스로 하는 걸 막으니 아이는 커서도 집안일은 혼자서 하지 않으려 했고, 할 줄 몰랐다. 자기가 먹은 그릇은 당연히 부모가 설거지 해 주는 것으로 알았고 식사 준비도 엄마가 다 해주는 것이 당연한 것으로 받아들였다.

식모가 되기 싫다면 직접 해볼 기회를 줘라

어느 날 퇴근 후 한참 저녁 식사 준비를 하고 있었다. 놀이터에서 실컷 놀고 온 아이들이 배가 고팠던 모양이다. 식탁에 앉으며 번갈아가며 바쁘게 말한다.

"엄마, 물 주세요"

"엄마, 배고파요. 빨리 밥 주세요"

"엄마, 사과 먼저 깎아 주세요"

"엄마, 나 엘로이즈(영어 DVD 만화) 틀어주면 안돼요?"

"엄마, 빨리 물이요. 아 배도 고프다아~"

아이들이 말하는 대로 이것저것 정신없이 챙겨주었다. 하지만 아이들의 주문은 계속 늘어났다. 퇴근 후 잠깐 쉬기는커녕 옷도 못 갈아입고 정신없이 저녁 준비를 하는 엄마에게 끝도 없이 이것저것 주문하고 요구하는 나의 사랑스런 새끼들.

정신없이 뛰어다니던 나는 순간 멈춰 서서 말했다.

"물은 네가 직접 떠먹어!"

그 때 알았다. 내가 나이 들어서도 아이들의 식모처럼 살지 않으려면 아이가 직접 해볼 수 있는 기회를 줬어야 했다는 걸. 아이들에게 다시 말했다.

"식사준비는 가족이면 다 같이 협조해서 준비하는 거야. 지금까지 너희가 어려서 엄마가 다 해줬지만 이제는 같이 하는 게 좋겠다. 그리고 엄마는 너희 하녀가 아니야. 지금보다 공손하게 부탁을 해주면 좋겠어"

엄마가 식사준비를 하면 물 컵에 물을 떠놓거나 숟가락 젓가락을 식탁에 놔두는 일은 너희가 해야 될 일이라고 아이들에게 알려주었다. 식사를 마치면 설거지까지는 아니더라도 자기가 먹은 그릇은 씽크대에 가져다 놓도록 했다. 목욕도 내가 해주는 게 시간도 절약되고 깨끗할 걸 알지만 참았다. 혼자 해보고 싶다고 해서 순서를 다시 한 번 알려주고 해보도록 했더니 처음에는 머리에 거품 반은 그대로인 채 나왔다. 하지만 몇 번의 경험이 쌓이고부터는 제법 잘했다. 저녁마다 첫째는 스스로 목욕을 하는 것 뿐 만 아니라 자기가 목욕할 때 동생도 같이 씻겨 준다. 그게 벌써 1년이 넘었으니 이제는 저녁에 아이들 목욕 시켜주기에서는 완전히 해방됐다.

호기심과 자발성을 키워주는 중요한 이유도 있지만 무엇보다 앞으로 나이가 들어서도 하나부터 열까지 아이들의 뒤치다꺼리를 하고 싶지 않다면 지금 뭐든 해보게 해야 한다. 예전에 내가 실수한 것처럼 귀찮다고 대신 해주고 마는 엄마들이 많다. 대신 해주고 싶은 그 마음 한 번만 접고 기다려주며 아이에게 기회를 줘보자.

집안일 교육, 왜 중요할까?

사라 이마스의 『유대인 엄마의 힘』에서는 집안을 잘 도운 아이와 그렇지 않은 아이가 성인이 된 후에 어떤 차이를 보이는지 조사한 결과를 보여 준다. 집안 일을 잘 도우며 자란 아이의 실업률은 그렇지 않은 아이의 1/15, 범죄율은 1/10에 불과한 반면 평균 수입은 20% 높게 나타났다고 했다. 어려서부터 노동의 가치를 깨달은 아이는 실생활에서 끊임없이 자신을 단련하며 삶의 방향을 찾아 나가기 때문에 훗날 큰 인재로 자랄 가능성이 크다는 게 그 이유였다.

발전심리학자 리처드 랑드도 오늘날 부모들은 아이들이 독서나 학교 공부처럼 성공에 도움이 되는 일을 하며 시간을 보내기를 원하지만 아이러니하게도 아이를 성공으로 이끄는 입증된 한 가지를 하지 않고 있다고 말한다. 그게 바로 집안일이다. 아이들이 처음으로 내가 아닌 다른 사람의 일을 하게 함으로 타인을 돕는 일을 중요성을 배우고 성취감, 책임, 자립심까지 배울 수 있어 사회적으로 성숙한 사람으로 자라게 하는 가장 좋은 방법이라고 한다.

엄마의 '빨리 빨리 조급증'은 우리 아이의 발달을 막는 장애물이 된다. 혹여 다치기라도 할까봐 또는 엄마가 귀찮아서 호호 불며 하나씩 대신 해줄 때마다 아이의 지적 호기심이 하나씩 사라진다. 뭐든 능숙하게 처리해주는 능숙한 엄마가 아이를 키우는 게 아니라 한 걸음씩 천천히 내딛는 아이를 느긋하게 바라봐주는 엄마가 아이를 키운다.

일하는 엄마라서 바쁘기도 하고 안쓰러운 마음도 들어 '그냥 대신 해주고 말자' 싶은 마음이 들 때도 있다. 하지만 그건 진짜 배려가 아님을 지금은 안다. 엄마가 편해지기 위한 이기적인 배려다. 아이에게 뭐든 스스로 해볼 수 있는 기회를 주며 기꺼이 기다려주는 것이 진짜 배려다. 단, 아이에 대한 지나친 기대는 버리고. 아이를 믿어주는 것이 필요하다. 스스로 할 수 있도록 만드는 것은 오로지 부모의 격려와 기다림이다.

아이의 연령에 따른 집안일 목록

■ **3~4세**

이 닦기
방 청소 및 장난감 정리 돕기
더러워진 옷을 세탁기에 넣기
부모가 갠 빨래를 제자리에 갖다 놓기

■ **4~5세**

식탁 닦기
부모에게 신문 갖다 주기
집 안에서 키우는 식물에 물 주기

■ **6~8세**

식탁 차리기
물건 정리하기
쓰레기 버리기
자기 방 청소하기
자기 침대 정리하기
개인 청결과 관련된 대부분의 일

■ **9~12세**

가구 닦기

거실 바닥 쓸기
자기 옷 중 일부 빨기
개인 청결과 관련된 모든 일
부모를 도와 식재료를 고르고 씻기

■ 13~15세

다림질하기
자기 옷 사기
식사 준비하기
자기 돈 관리하기
자기 옷 전부 빨기
집 근처에서 아르바이트하기
부모를 도와 비교적 까다로운 집안일 처리하기

■ 16세 이상

어른과 함께 여행하기
대학 진학 계획 세우기
식사 계획 및 준비하기
모든 옷차림 스스로 책임지기

– 출처 : 사라이마스 『유대인 엄마의 힘』

착한 아이로
키워라

1. 독이 되는 칭찬을 하고 있나

칭찬이라는 독

"아유, 우리 딸 엄마 말도 잘 듣고, 최고다"

"우리 딸이 세상에서 제일 예뻐!"

"우리 아들 천재네! 우리 아들 정말 똑똑해"

많은 엄마들이 이런 칭찬을 한다. 첫째 아이가 6살 쯤 주말에 축구 교실을 다닌 적이 있다. 한 아이가 선생님이 경기 시작을 알리는 호루라기를 불기도 전에 먼저 뛰쳐나가 공을 골대에 넣고 좋아했다. 밖에서 지켜보던 아이의 엄마는 아이가 경기를 마치고 나오자 "정말 멋지다! 잘했어!"라며 아이를 추켜 세워줬다. 아이를 격려하고 싶은 엄마의 마음이야 알겠지만 경기 규칙을 어겨가며 골을 넣은 아이에게 연신 칭찬을 하는 모습은 도무지 이해하기 어려웠다.

흔히들 아이에게 칭찬을 많이 해주면 아이의 자존감이 올라가 아이가 행복해진다고 알고 있다. 사실 칭찬받는 걸 싫어할 사람은 없다. 어른인 나조차도 누군가 칭찬해주면 기분이 좋다. 적어도 비난보다는 마음이 좋은 건 당연하다. 실제로 칭찬의 많은 긍정적 효과는 굳이 더 말할 필요가 없을 정도다.

켄 블렌차드의 『칭찬은 고래도 춤추게 한다』라는 책으로 전 세계적으로 칭찬 열풍이 불었던 적이 있다. 몸무게 3톤이 넘는 범고래가 관중들 앞에서 멋진 쇼를 보이는 것은 고래에 대한 조련사의 긍정적 태도와 칭찬이 있기 때문이라며 칭찬으로 긍정적 인간관계를 배울 것을 강조했다. 그렇다면 이 긍정과 칭찬이 과연 모든 경우에 적용되는 걸까?

나는 초등학교 들어가기 전부터 초등학교(내가 다닐 적엔 국민학교) 저학년까지 몇 년 동안 주판 학원을 다녔다. 처음에 또래에 비해 문제 푸는 속도가 빨랐던 나는 선생님께 잘한다는 칭찬을 자주 들었다. 교재에 급수가 있어서 학원에서 치르는 시험을 통과해야 다음 교재로 넘어갈 수 있었다. 시험을 통과 못하면 주판으로 손 등이 세게 문질리는 벌을 받아야 했고 반면 시험을 잘 보면 일어서서 박수를 받았다. 선생님의 과한 칭찬 때문인지 체벌에 대한 두려움 때문인지 결국 나는 급수 시험에서 생애 첫 컨닝을 했다. 워낙 한 반에 학생이 많아서 문제집 뒤 쪽 답을 보고 적는 걸 선생님은 알아채지 못하셨다. 나는 죄책감과 안도감이 묘하게 버무려진 감정으로 고개 숙여 박수를 받았다. 다음에는 실제 내 수준보다 훨씬 높은 단계의 교재로 배우게 됐다. 물론 수준에 맞지 않는 교재로 배우니 수업을 따라갈 수 없었다. 결국 나는 주판학원을 건성으로 다니게 됐고 아직도 암산이라면 완전 젬병인 상태다.

얼마 전 방송에서 〈칭찬의 역효과〉라는 다큐를 본 적이 있다. 달콤한 칭찬에 길들여진 우리 아이들의 모습을 실험을 통해 보여 주었는데 난 사실 충격을 받았다. 어릴 적 주판학원을 다니던 내 모습을 아이들이 재연하고 있었기 때문이다.

선생님이 아이들에게 단어카드를 주고 외우는 단어를 칠판에 적게 하는 기억력 테스트를 했다. 선생님은 아이들 옆에서 "야! 너 정말 똑똑하다" "너 머리 좋구나" 하며 일단 무조건 칭찬을 했다. 그리고 아이가 외웠던 단어카드를 책상 위에 두고 나갔다. 똑똑하다고 칭찬받았던 아이들 대부분이 컨닝을 했다. 처음 실험과 달리 두 번째는 노력, 과정에 대한 칭찬을 했다. "짧은 시간인데도 노력을 많이 했구나!" 그리고는 똑같이 선생님은 자리를 비웠다. 그 때 아이는 컨닝의 유혹을 잠시 느끼지만 대부분 컨닝을 하지는 않았다.

엄마들이 아이에게 어떤 칭찬을 해야 될 지를 정확히 보여주는 내용이다. 아이에게는 "똑똑하다" "천재다"라는 말이 독이 되는 칭찬임에도 많은 부모들이 마냥 아이를 추켜 세워주곤 한다. 밑도 끝도 없이 무조건 네가 최고라고 추켜세워 주다가는 아이는 자만에 빠질 수밖에 없다. 그 자만을 무너뜨리지 않기 위해 자신의 양심을 속이는 일까지 서슴지 않는다. 집에서 칭찬과 왕자 대접만 받다가 학교를 가게 되면 적응의 어려움도 많다. 학교에는 각자의 집에서 공주나 왕자 아닌 아이들이 없기 때문이다. 이건 진짜 칭찬이 아니다.

칭찬을 참을 수 있는 인내

아이가 마냥 귀여운 시기가 있다. 조그만 입으로 발음이 세면서도 다양한 말을 하기 시작할 때나 퍼즐을 하나씩 맞추기 시작해서 완성시켰을 때는 나도 아이가 그렇게 사랑스러울 수 없었다. 정말 최고라고 엉덩이를 팡팡 두들겨주며 엄지를 세우곤 했다. 갓 글자를 배우기 시작한 첫째가 책을 들고 와서 한 글자씩 손으로 짚으며 아는 글자를 읽을 때는 그 모습이 그렇게 예쁠 수가 없다. 툭하면 잘했다며 칭찬해주었고 엄지를 세우며 수선을 떨었다. 그러던 어느 날 아이가 말했다.

"엄마 나 혼자 책 읽었는데 왜 박수 안 쳐줘?"

한글 좀 빨리 뗐으면 해서 책을 읽힌 게 아니었다. 정말 책을 즐기는 아이로 크길 원했다. 하지만 아이는 혼자서 한 권씩 읽을 때마다 엄마의 박수 소리가 필요한 듯 보였다. 첫째 아이가 6살 쯤 책 읽는 재미를 느끼게 해주고 싶은 마음에 집에 사과나무 북 트리를 만들어 붙였다. 물론 북 트리가 완성되면 아이가 원하는 선물을 하나 사주기로 약속 했다. 아이가 한 권씩 읽을 때마다 북 트리에 사과가 주렁주렁 달렸고, 아이는 북 트리를 빨리 채우고 싶어 했다.

결국 선물을 받고 싶은 욕심에 아이는 당시 2살 동생에게 읽어주던 한두 줄 짜리 그림책만 골라오기 시작했다. 아이의 지적 수준과는 거리가 먼 아기 책이었다. 그런 아기 그림책으로 권수만 늘리는 식의 독서가 무슨 필요가 있겠냐 싶은 생각이 들었다. 그렇다고 글 밥이 몇 줄 이상 되는 책만 읽은 걸로 해주겠다고 제한을 두는 건 원래 취지에 맞지 않는 듯 했다. 결국 북 트리는 한 개만 완성하고 창문에서 떼어냈다. 아이에게 칭찬의 당근으로 제시한 북 트리의 사과 스티커는 아이에게 책 읽는 즐거움을 주기보다 결과에 대한 집착만 안겨준다는 것을 알았다.

아이가 초등학교에 입학하고 보니 대부분의 선생님들이 칭찬 스티커와 경고 스티커를 활용하시는 것 같았다. 칭찬 스티커를 몇 개 모으면 과자나 막대사탕을 주시는 선생님도 계셨다. 아이들은 그걸 하나 받아먹기 위해서 엄청난 노력을 했다. 그게 아이들을 효과적으로 다루는 방식이라는 걸 잘 안다. 특히 영유아나 저학년 아이들에게는 효과가 상당하다. 내가 집에서 시도했던 북 트리 또한 이런 칭찬 스티커의 일종이었다. 하지만 이런 부상 제도가 아이의 근본적인 행동의 변화를 가져오기는 쉽지 않다는 것을 깨달았다. 기시미 이치로의 『미움받을 용기』에서는 적절한 행동을 하면 칭찬을 받고 부적절한 행동을 하면 벌을 받는 상벌 교육에 대한 아들러의 부정적 시선을 볼 수 있다.

"칭찬하는 사람이 없으면 적절한 행동을 하지 않고, 벌주는 사람이 없으면 부적절한 행동을 한다"

결국 칭찬받고 싶은 목적이 있어서 쓰레기를 치우는 사람은 누구에게도 칭찬받지 못하면 분개하거나 다시는 이런 짓을 하지 않겠다고 결심한다는 이야기다.

아이가 처음 한글을 떼고 혼자서 책을 읽기 시작할 때 엄마의 칭찬이 격려가 되고 아이의 용기를 깨운다. 하지만 매번 책을 읽을 때마다 잘했다고 칭찬을 하고 오바(?)를 하면 칭찬의 의미가 희석된다. 아이는 책읽기의 즐거움을 알아가기 보다 엄마에게 칭찬받기 위해 책을 읽게 된다. 아무리 예쁘고 사랑스런 우리 아이라도 무작정 칭찬하고 엉덩이를 두드리기 보다는 어떤 경우에는 칭찬을 참을 수 있는 인내가 필요하다.

독이 되는 칭찬 vs 득이 되는 칭찬

천재 학자 JR. 칼 비테를 키운 아버지 칼 비테는 『칼 비테의 자녀교육 불변의 법칙』에서 겸손을 잃게 하는 과한 칭찬을 삼가라고 말한다. 칼 비테는 아들 칼이 착한 일을 하면 칭찬했지만 그렇다고 칭찬을 시도 때도 없이 남발하지는 않았다고 한다. 자칫 아이가 거만해질 수 있기 때문이라는 것이다. 그는 칼이 자만에 빠지지 않게 항상 칭찬하는 방법과 정도에 항상 주의했다. 많은 부모가 남 앞에서 자식의 재능을 자랑하기를 좋아하는데 그러면 아이가 기고만장해져서 오히려 잠재력 있는 아이를 망칠 수 있다고 그는 경고한다.

아이의 행동을 세세히 관찰해서 그 구체적인 행동과 과정에 대한 칭찬을 해야 된다. 아이의 작은 행동을 눈여겨 봤다가 제대로 격려를 해주기 위해서는 우선 엄마의 시선은 아이를 향하고 있어야 한다. 엄마가 스마트폰과 인터넷에 코를 박고 있으면 내 아이가 어떤 상태인지 둔감해질 수 밖에 없다. 한 걸음 떨어져서 아이를 지켜봐주며 아이를 섬세히 관찰하는 노력은 아이를 칭찬하는 과정에도 필요하다. 이 진짜 칭찬으로 아이는 자신의 존재 가치를 높게 평가하게 된다. 아이의 구체적인 행동과 과정에 대한 끊임없는 칭찬과 격려를 통해 아이의 자존감이 올라가고 동기부여를 받는다. 무조건적인 칭찬은 아이에게 부정적인 영향이 크다는 걸 기억하자.

부모가 어떤 기준을 정해놓고 그 기준에 부합해야 칭찬하는 것 또한 독이 되는 칭찬이다. 부모의 기준과 틀 안에 들어와야 잘했다고 칭찬하고 인정을 하는 건 눈치 보는 어리석은 착한 아이를 만드는 일일 뿐이다. 독이 되는 칭찬과 득이 되는 칭찬을 구별할 줄 아는 지혜가 필요하다.

첫째가 제일 좋아하는 역할놀이. 그 중에 선생님 역할은 지겨워하지도 않고 6년째 줄기차게 하고 있다. 툭하면 뜬금없이 나에게 말한다.

"자자~~~ 준비됐나요?"

"네네! 선생님"

'이휴, 또 시작 인거야?' 싶지만 입이 자동으로 대답한다. 최근에는 내가 좀 지겨워하는 걸 느꼈는지 아파트 놀이터에서 동네 동생들을 모아서 뭘 그렇게 가르치곤 한다. 자기가 설명하는 걸로 만족하지 않고 그걸 동영상까지 찍어서 유투브에 올리곤 하는데 "재미없다. 무슨 말인지 모르겠다" 이런 댓글도 달리나 보다. 아이는 처음에는 좀 섭섭해 하더니, 별로 신경 쓰지 않고 줄기차게 올린다. 동영상을 찍을 때 아빠 휴대폰 카메라로 찍곤 는데 아빠가 들고 있기가 힘들어서 예전에 쓰던 카메라 기능만 되는 공기계를 주고 휴대폰 삼각대를 따로 사줬다. 어제도 말을 하고 오늘도 말을 하고 자기 모습을 카메라에 담고 유투브에 계속 올린다. 조회 수가 많은 것도 아니고 긍정적인 피드백을 받는 것도 아닌데 왜 자꾸 찍어서 올리는 거냐고 물으니 "그냥. 재밌으니깐!" 이라고 대답한다.

아이는 다른 사람의 인정과 칭찬보다 그 놀이 자체가 재미있어서 자기안의 흥미라는 내적동기로 그렇게 신나게 놀고 있었다. 다른 사람의 칭찬과 인정에 따라 자극받고 움직이는 건 외적동기이다. 하지만 그 일 자체로 즐거움과 보람을 느끼는 건 내적 동기이다. 다행히 아이는 누군가의 칭찬과 보상으로 놀이를 즐기지 않는다. 진짜 재밌어서 몰입하고 거기에서 진짜 즐거움을 찾을 줄 안다.

시험 점수로 아이를 평가하고 인정하는 건 아이에게 독이 되는 칭찬을 하는 것이다. 즉, 외적동기를 부추기는 것이다. 하지만 아이가 모르는 것을 알아가며 시험공부를 하고 노력하는 모습을 보고 칭찬하는 것은 내적동기를 올려주는 득이 되는 칭찬이다.

독이 되는 칭찬은 칭찬 받지 않으면 금방 의기소침해지고 힘들어하는 아이로 만든다. 아이를 칭찬중독자로 만든다. 인정과 칭찬을 갈구하는 갈증이 계속된다. 아이의 삶이 고단해질 뿐이다.

내 아이가 진짜 즐거움을 찾아서 행복하게 삶을 즐기며 살길 바란다면 지금 내가 하고 있는 칭찬이 어떤 칭찬인지 한번 쯤 점검해 볼 필요가 있다. 아이의 점수에 대한 칭찬이 아니라 그동안의 노력에 대한 칭찬을 해야 한다. 노력에 대한 칭찬 또한 아이를 어찌 조종해보려는 불순한 의도가 들어있어선 안 된다. 엄마의 지나친 기대와 목적이 있는 과장된 칭찬은 아이의 마음을 무겁게 만드는 중압감을 줄 뿐이다. 격려의 칭찬만이 내 아이를 건강하게 만들어 준다. 앞으로 무수히 많은 길을 헤쳐 나갈 아이가 실패하는 것이 두려워 포기하는 일이 없도록 용기를 주는 것은 바로 격려의 칭찬이다.

2. 착한 아이로 길들여라

"엄마 말 잘 들어야 착한 아들이지!"

"엄마 말 안 들으면 너 나쁜 사람 된다"

많은 부모들이 내 아이가 말 잘 듣는 착한 아이로 크길 바란다. 아직 말도 못하는 신생아 일 때부터 아이들은 이런 말을 듣고 자란다. 부모와 주위로부터 사랑받고 인정받으려면 내 감정을 표출하기보다는 무조건 어른 말을 잘 들어야한다는 생각을 심어준다.

많은 부모들은 대체로 순종적인 아이들을 더 예뻐한다. 부모인 내 말을 고분고분 따르면서 기분까지 맞춰주는 아이를 누가 예뻐

하지 않을까? 혼자서도 잘 놀고 말썽 한번 안 피우는 순둥이 아이를 둔 엄마는 그걸 아주 뿌듯해하고 자랑까지 한다. 아이들도 처음부터 그렇게 교육을 받고 자랐기에 부모님 말씀 잘 듣는 걸 효와 미덕으로 당연하게 생각한다.

내가 어릴 때 아버지께 엄격한 훈육을 받은 것처럼, 첫째가 어렸을 때 나도 똑같이 엄한 엄마 역할을 했다. 화가 날 때는 더 독하게 말을 하기도 했다. 억눌려져 있던 감정을 보상이라도 받으려는 듯 내 감정을 폭발시킨 적이 있었다. 내가 화가 나 있을 때 아이는 내 눈치를 봤다. 그 조그만 아이가 알아서 자기 방을 정리하기도 했다. 정말 쥐구멍이라도 들어가고 싶게 부끄러운 엄마였다. 그래서인지 첫째는 어렸을 때 나이에 비해서 참 고분고분하고 말도 잘 듣고 모든 게 모범적이었다. 주위에선 어떻게 그렇게 아이가 참하냐고도 칭찬했고 참 착하다고도 했다. 정말 어릴 때의 내 모습과 똑같았다.

엄마가 화를 폭발시킬 때 섬세한 아이는 엄마의 행동에 매우 민감하다. 그렇다면 아이가 엄마에게 착한 아이로 인정받고 잘 보이기 위해서 행동하는 것을 무조건 좋다고 할 수 있을까? '내성적이고 착한 아이'로 주위에서 평가받던 아이가 끔찍한 사건의 가해자로 뉴스에 보도되곤 하는 일이 결코 우연이 아니다.

1999년 4월, 미국 콜럼바인 고등학교의 남학생 두 명이 학교에서 총기를 난사해 같은 학교 학생과 교사 13명을 죽이고 24명에게 부상을 입혔다. 사건을 일으킨 후 그 두 학생은 자살했다. 역사상 가장 충격적인 사건 중 하나이다. 사건이 발생하기 전, 엄마에게 그 아이는 평범한 아이였다고 한다. 고등학교를 다니는 또래의 남자 아이들이 그렇듯 혼자 있기 좋아하고, 컴퓨터 게임을 즐겼을 뿐이라고 한다.

이런 뉴스에 나올 만큼 큰 사건을 일으키지 않더라도 조용하고 착했던 아이가 사춘기에 반항아로 돌변해 부모에게 마구잡이로 대드는 경우를 주위에서 흔히 보곤 한다. 그 아이 내면에는 어릴 때부터 자기 목소리를 못 내어 억눌려 있는 화가 숨어있을 가능성이 크다. 착한 아이, 엄마 말 잘 듣는 아이가 되려면 자신의 욕구를 숨기고 엄마의 눈치를 봐야 된다. 늘 아이는 생각한다.

'이렇게 하면 우리 엄마가 좋아할까?'

'혹시 내가 이렇게 행동하면 우리 엄마가 날 싫어할까?'

엄마에게 잘 보이고 인정받고자 노력하느라 자기안의 귀한 에너지를 낭비하다. 자기 욕구보다는 엄마 욕구에 맞춰 살다보면 자신의 감정을 억누르는 게 습관이 되어 아이는 우울해지기도 한다. 대체로 아이들은 어릴 때는 별 불만 없이 "네, 엄마~"하며 시키는 대로 곧잘 따라한다. 하지만 자기안의 목소리가 커지는 사춘기를 지나면 아이는 그동안 억눌렸던 만큼 크게 터져버리기도 한다. 대부분 사춘기에 감정을 요란하게 터트리지만 그렇지 못한 나 같은 어중간한 범생이들은 어른이 돼서야 그런 감정이 터져 나온다. 그때는 더 힘들다. 아이가 힘들고 가족이 힘들어진다. 자신은 더 힘들다. 내 경험은 그랬다.

어릴 때 엄마 품에서 실컷 어리광 부리고 자기 욕구와 감정을 마음껏 표현할 수 있는 아이는 건강하다. 내 감정이 소중함을 알기에 스스로를 귀하게 생각한다. 자존감이 높다. 자존감이 높은 아이는 다른 사람의 감정도 존중할 줄 알고 자연스런 배려가 몸에 녹아져 있다.

하지만 자기 욕구를 표현 못하고 억압된 아이는 자기감정과는 무관하게 잘 보이려고 행동한다. 인정받고자 하는 욕구가 크다. 다른 사람에게 인정을 받느냐 못 받느냐에 따라 감정 기복이 크고 자신의 존재 가치를 다른 사람의 기준으로 판단한다. 내가 어떻게 보일지에 늘 전전긍긍하기에 불안하다. 늘 마음이 외롭다. 착한 아이는 다른 사람의 인정과 칭찬으로 그 외롭고 텅 빈 마음을 메우려 한다. 다른 사람의 인정에 계속 목말라하는 악순환이 계속된다. 갈증이 난다고 소금물을 퍼마시는 격이다. '착한 아이'는 행복한 아이가 아니라 '아픈 아이'다.

3. 형이니깐 어리광 좀 그만부려!

둘째가 태어난 지 얼마 안됐을 때의 일이다. 신생아를 보면서 유치원생 첫째까지 챙기려니 몸이 견디질 못했다. 쪽잠을 자기 일쑤고 육아에 살림에 저질 체력이 버티질 못했다. 수시로 입안이 온통 헐곤 했다. 게다가 잠투정을 심하게 하는 둘째를 재우고 나오면 첫째가 쑥대밭으로 만들어 놓은 거실이 나를 기다리고 있었다.

너무 지쳐서 감정이 한껏 예민해 있는 날은 첫째에게 날카로워졌다. 이제 겨우 5살이었지만 형 노릇 하길 요구했고 알아서 좀 해주길 원했다. 둘째 하나 돌보기도 버거워 여전히 어린 아이였던 첫째가 어리광 부리는 걸 마음으로 받아줄 여유가 없을 때가 많았다.

바쁜 아침에 둘을 한꺼번에 보느라 시간에 쫓겨서 급해진 내 마음과 달리 첫째는 대체로 옷 입는 것도 느리고 밥 먹는 것도 느렸다. 내 컨디션이 괜찮을 땐 배려가 넘쳤지만 그렇지 못할 땐 아이 스스로 할 때까지 기다리고 있노라면 속이 터질 것 같았다.

그 날도 아이는 밥 먹으며 장난도 치고 여기저기 흘리기도 하는 평소 모습 그대로였다. 하지만 이미 짜증이 목 끝까지 차서 화낼 준비를 하고 있던 나는 그런 사소한 행동에도 아이를 향해 따가운 소리를 내질렀다.

"야! 조도균! 먹기 싫으면 먹지 마!"

급기야 식탁에 놓여있던 반찬을 싹 걷어 싱크대로 가져가 쏟아버렸다. 아이를 잡을 때면 이름 앞에 성을 붙였다. 좀 더 모질게 말하는 내 나쁜 습관이었다. 엄마의 갑작스런 고함 소리를 듣고 반찬까지 다 빼앗긴 첫째는 너무 놀라서 금세 눈에 눈물이 그렁그렁 맺혔다. 느릿느릿 먹던 밥을 빠르게 입에 구겨 넣었다. 반찬은 엄마라는 여자가 다 버려서 맨밥만 입에 쑤셔 넣었다. 컥컥 거리며….

아이는 거실에 여기저기 산만하게 흩어져 있던 종이 나부랭이와 책들도 주섬주섬 정리했다. 축 처지고 움츠린 아이의 어깨가 마음에 걸렸지만 애써 못 본 척 했다. 그 날 저녁 급히 먹었던 게 결국 체했는지 계속 배가 아프다고 했다. 결국 아이는 토하고 말았다. 토하면서도 배가 아프다고 계속 울었다. 조그만 등을 두드려주며 나 스스로에게 화가 나고 속이 상해서 더 눈물이 났다. 세상에 이런 못돼 처먹은 엄마가 어디 있나 하는 한없는 자괴감이 들었다.

"미안해, 엄마가 미안해…"

밥 좀 천천히 먹으면 어때서, 세상에 둘도 없이 예쁘다며 매일 주머니에 넣고 다녔으면 좋겠다고 호들갑 떨 때는 언제고, 힘 좀 든다고 아이한테 내가 지금 도대체 무슨 짓을 한 걸까? 애가 뭘 그렇게 잘못했다고 미간을 잔뜩 찌푸리고 표독스런 눈을 해서 애를 잡았던 걸까. 빨리 먹이고 어디 갈 데가 있었던 것도 아닌데…

동생이 태어났으니 형인 첫째가 알아서 해주길 바랬고 내 마음대로 움직여주지 않는다고 아이를 잡았다. 내 아이를 풀꺽인 순종적 바보로 만들려고 한 멍청한 엄마였다. 5살 아이가 밥 먹다가 웃고 장난 치고 여기저기 흘리고 먹는 게 너무나 자연스러운 건데, 그 자연스러움도 '형이니깐'라는 말로 애써 덮어버렸다.

사실 동생이 생기면 첫째들은 가만히 있어도 스트레스를 받는다. 자신에게 집중됐던 엄마 아빠의 관심과 사랑이 동생에게 분산되기 때문이다. 그 스트레스의 강도를 '왕좌를 빼앗긴 왕의 기분'이라고 흔히 표현한다. 아이 입장에서는 사랑을 빼앗겼다고 생각할 수 있다. 거기에 그치지 않고 형이니깐, 누나니깐 언니니깐 뭐든 모범을 보여야 된다든가 또는 많은 걸 동생에게 양보해야 된다는 의무까지 강요받는다.

아이 입장에서 한 번 생각해보자. 어느 날 나타난 동생이란 녀석에게 엄마 아빠의 사랑을 빼앗긴 것도 억울한데 갑자기 자신에게 형의 의무를 주면서 의젓하게 행동하라니? '형이니깐, 누나니깐'이란 말로 엄마 아빠 편하자고 첫째에게 어떤 자격을 주고, 그 자격에 맞도록 행동하길 강요한다. 첫째도 겨우 서너 살, 많아야 대여

섯 살 되는 어린 아이임에도 둘째가 태어나는 그 순간부터 의무를 부여받곤 한다. 어제까지는 똑같은 '아이'였는데 동생이 태어나는 순간부터 의젓한 형 또는 누나, 언니여야 되는 것이다. 이렇게 되면 첫째가 받는 스트레스의 강도가 심해지면 동생이 미워지고 동생에게 해코지를 하는 건 어쩌면 당연한 수순이다. 동생이 태어나기 전보다 더 어리광을 부리고 더 고집불통인 행동을 하는 퇴행현상을 보이기도 한다.

사실 두 녀석이 장난감 하나를 가지고 놀 때도 서로 가지고 놀겠다고 고집을 피우면 첫째에게 양보하라고 말하는 게 훨씬 편한 방법이다. 둘째는 설득하는데 시간이 오래 걸리고 울고불고 고집을 부리기 일쑤다. 많은 부모가 일단 편하니깐 첫째에게 양보를 요구한다. 하지만 그게 반복되면 첫째에겐 억울함이 쌓인다. 둘째 또한 당연히 형, 언니가 양보해줘야 하는 줄 알게 되어 이기적으로 길들여진다.

동생이 태어나면 부모는 당연히 잦은 손길이 필요한 신생아에게 관심을 더 가지게 마련이다. 하지만 의식적으로 동생에게만 관심이 쏠리지 않도록 항상 신경을 쓸 필요가 있다. 사랑을 딱 반으로 잘라 공평하게 나누라는 얘기가 아니다. 아이 각자에게 맞는 사랑을 표현해야 된다는 이야기다.

비록 때때로 실수하고 반성하는 서툰 엄마였지만 그래도 내가 잘했다고 생각하는 것이 있다. 갓난쟁이 둘째 재우는 일을 남편이 도와주는 날은 어김없이 저녁 시간에 첫째와 더 많은 대화를 나누고 함께 누워서 책도 읽고 몸을 부대끼려고 노력했었다. 첫째와 단

둘이 간식을 만들어 먹기도 하고 둘이서만 산책을 나가가도 했다. 저녁마다 아이의 이야기에 귀를 기울이려 노력했다. 여전히 첫째를 사랑한다는 걸 알려주고 싶었다.

우리 부부는 둘째가 태어난 직후 첫째의 질투와 소외감을 걱정해서 첫째에게 일정 시간을 할애하려 노력하고 늘 사랑한다는 걸 인지시켜 주려 했다. 그 때문인지 첫째는 동생을 질투하는 일이 많지 않았다. 아니 오히려 자기가 받은 사랑을 동생에게 많이 나눠주곤 했다. 지금도 동생에게 책을 읽어주고 목욕을 시켜주는 자상한 형 역할을 스스로 해주어서 고마울 때가 많다.

우리나라에는 '장남이 바로 서야 집안이 바로 선다'는 말이 있다. 유교 전통의 영향으로 장남에게 부여된 기대치가 아주 높다. 제사를 책임지고 부모를 부양하고 형제들을 모범적으로 이끌며 가족의 대소사를 챙기는 한정 없는 의무를 부여한다. 이 때문에 어릴 때부터 첫째 아이에게 형이니깐 잘해야 된다는 강박을 심어주게 된다. 하지만 그건 아이가 자기 고유의 빛을 잃어버리게 만드는 일이다.

아이가 둘이라면 사랑을 반씩 나눠서 분배하라는 게 아니다. 사랑을 어떻게 그렇게 딱 반으로 나눌 수가 있단 말인가? 그건 현실적으로도 불가능한 일이다. 다만 두 아이 고유의 빛깔을 인정해주며 두 아이 각자에게 맞는 충분한 사랑을 주어야 한다.

어느 날 첫째가 내게 수수께끼를 낸다며 맞춰보라고 했다.

"형하고 동생이 싸우는 데 엄마가 자꾸 동생 편만 들어. 그걸 뭐라고 할까요?"

"엥? 뭐지?"

"형. 편. 없. 네!"

우리는 둘 다 크게 웃었다. 맞는 말이다. 형이라고 무조건 참고 양보하며 배려를 강요하는 형편없는 행동을 조심하자. 아이 각자 가 부모에게 온전한 사랑을 받고 있다는 느낌을 가질 수 있도록 하 자. 어떤 문제가 닥쳤을 때 어린 동생을 설득하고 기다려주기가 귀 찮기도 하고 인내심을 요하는 일이다. 하지만 그런 부모의 노력이 형과 동생 모두에게 플러스가 되는 길이다.

4. 당당하고 나쁜 아이로 키우기?

일본 최고의 교육심리학자 가토 다이조는 부모 말 잘 듣는 착한 아이의 비극이 깊은 공허와 외로움, 불안감이라고 말한다. 오랜 시간 동안 축적된 분노로 조용하고 말 없는 '착한아이' 로 자란 아이에 대한 강한 경고를 준다. 그는 『착한 아이로 키우지 마라』에서 이렇게 말한다.

"착한 아이가 부모를 기쁘게 하려는 것은 부모가 자신을 미워할까봐 겁나기 때문이다. 외톨이가 되는 것이 두려운 것이다. 부모를 기쁘게 하려는 이유는 부모의 마음에 들어야 하기 때문이다. 부모를 기쁘게 하는 것이 곧 자신을 지키는 것이다"

그는 '착한 아이'는 늘 몸이 아프다고 말한다. 긴장하고 있어서 머리가 아프든가, 하고 싶은 일을 참고 있어서 배가 아프다고 한다. 마음은 무기력하고 몸은 언제나 무겁다. 반면 '자연스러운 아이'는 항상 몸 상태가 좋다. '자연스러운 아이'는 부모 앞에서 긴장을 푼다. 자신의 말이나 행동 때문에 부모의 감정이 갑자기 변하는 일이 없기 때문이다.

아이가 어리광을 부리고 고집을 피운다고 무작정 버릇 고쳐준다는 식으로 매몰차게 몰아세우는 곤란하다. 특히 둘째가 태어났다고 해서 첫째가 갑자기 어른이 되는 건 아니다. 아이가 부모에게 어리광을 부리는 건 부모의 사랑을 더 받고 싶어 하는 몸짓이고 부모를 믿기 때문에 그렇게 감정 표현을 하는 것이다. 아이의 감정을 있는 그대로 받아주어야 한다. "이래야 한다. 저래야 한다"며 내 아이의 고유한 내면을 찢어놓지 말자.

살면서 다른 사람의 칭찬을 얻기 위해서 잃어버린 내 본래의 힘이 얼마나 많은지 깨달았을 때는 나 스스로 깜짝 놀랐다. 많은 사람들이 다른 사람의 이목을 신경 쓰며 살기에 더 피곤하고 삶이 고달픈 것인지도 모른다. 사실 남들은 내가 생각하는 것만큼 나에게 관심이 없는데도 우린 남의 이목에 지나치게 관심을 두고 산다.

내 아이가 다른 사람에게 자신의 삶을 휘둘리며 살길 바라는 부모는 없을 테다. 아이가 어릴 때는 좀 더 멋대로 맘대로 자유롭게 살 수 있도록 부모가 비빌 언덕이 되어줘야 한다.

첫째는 요즘 밥을 먹다가도 갑자기 피아노곡이 생각난다며 방에 뛰어 들어가 한곡 두곡, 필 받으면 서너 곡을 뚱땅거리곤 한다. "이야 멋지다!" 하고 호응해주지만 서너 곡이 넘어가면 나직히 말한다.

"도균아~ 밥은 먹고 하자"

그럼 도균이는 천연덕스럽게 말한다.

"우리 엄마 소화 잘 되시라고 내가 배경 음악 깔아주는 거잖아"

어디 그 뿐인가? 매일 알림장 보고 준비물은 스스로 챙기자, 필통 안 연필은 미리 깎아 놓자고 상호 협의를 했건만 이 녀석은 매번 까먹기 일쑤다. 그럼 우리의 옥신각신이 이어진다.

"엄마랑 약속한 거 맨날 천날 까먹고! 엄마 말을 귀담아 안 들어줘서 엄마 속상하다. 언제까지 엄마가 봐줘야 해?!

"어? 엄마, 맨.날.천.날은 아닌데요? "

"어...그래. 그건 말 실수. 맨날 천날은 아니고, 자주 자주?!"

"미안해요. 이제 제 물건은 제가 챙길게요~"

유아기를 지나 초등학생이 되면 아이가 부모 말에 말대꾸를 하기 시작한다. 아이는 그동안 부모의 말을 일방적으로 듣고 행동하는 입장이었지만 조금 크고 부터는 자기 생각이나 입장에 대한 감정을 표현한다. 부모 입장에서는 아이가 말대답을 하기 시작하면 버릇없다고 느끼는 경우가 많다. 하지만 대부분의 경우 표현 방식이 서투른 것이지 부모에게 악한 감정을 가지고 대항하는 것이 아니다. 아이는 부모와 소통하는 단계에 들어선 것이다. 정도를 심하게 넘어선 것이나 남에게 해악을 끼치는 일이 아니라면 아이의 말대답을 들어줄 필요가 있다.

특히, 가까운 가족에게는 불평도 좀 하고 말대꾸도 할 수 있어야 된다. 어른에게 말대꾸하는 버릇을 고쳐 줘야한다고 아이의 말을 자르고 감정을 묵살해서는 안 된다. 그게 허용되지 않는다면 아이는 마음에 쌓인 감정을 해소할 수 없다. 이 과정을 잘 지나면 아이는 자신의 생각을 말로 자연스럽게 표현하며 대화하는 방법을 배우게 되지만 부모가 누르고 묵살해버리면 억압받고 왜곡된 감정을 갖게 된다.

나는 사실 사춘기의 아이를 키워본 적이 없다. 하지만 많은 전문가들의 이야기를 들어보면 사춘기 아이가 심한 말대꾸와 투정을 부리거나 부모에게 마구 대드는 건 그 시기 아이의 두뇌가 공사 중인 탓도 있지만 부모에게 억눌린 화의 분출일 수도 있다고 한다. 유아동 시기에 아이의 감정을 받아주지 않아서 그런 경우가 많다는 것이다.

그럴 때는 아이의 감정을 좀 더 부드럽게 안아줄 공간이 필요하지 않을까? 가족이 바로 그런 공간이 되어줘야 한다. 특히 엄마는 아이가 언제든 자기감정을 솔직히 내보일 수 있는 사람이어야 된다. 엄마에게조차 속마음을 얘기하는 것이 두렵고 힘이 든다면 아이는 더 이상 이야기할 곳이 없어진다.

나도 아이를 키우면서 몸과 마음이 지칠 때면 남편에게 잔소리를 했다. 아니 솔직히 고백하면 요즘도 가끔씩 한다. 남편은 야근까지 하고 와서 몸이 많이 고단할텐데, 별 소리 없이 받아주는 편이다. 남편한테는 미안하지만 남편이 내 심술을 받아주면 내 마음이 한결 편해지곤 했다. 아이도 마찬가지 아닐까?

Chapter 05

적 만드는 자기중심 교육

네 것만
챙겨라

1. 당신 혹시 맘(mom)+충(蟲)?!

맘충. 나는 이 단어를 처음 들었을 때 묘하게 기분 나쁜 느낌을 지울 수가 없었다. 맘충이란 엄마(mom)를 충(蟲)과 합쳐 부르는 신조어로 '아이를 앞세워 일부 몰지각한 행동을 하며 타인에게 민폐 끼치는 엄마'를 이르는 말이다. 같은 엄마 입장에서 참 듣기 민망한 말이다. 어찌 아이를 키우는 엄마 뒤에 벌레 충이란 글자를 붙일 수가 있단 말인가! 처음 그 신조어를 들었을 때는 내 얼굴이 다 얼굴이 화끈거렸다.

그런 말을 처음 만든 몰지각한 인터넷 누리꾼들은 정작 본인은 단란주점에서 여자를 옆구리에 끼고 몇 십 만대 양주를 마셔대며 술 취한 시뻘건 얼굴로 고성방가에 노상방뇨를 할지도 모른다. 실제로 아이 엄마나 여자를 은근히 비하하던 한 남자 직원의 경우 회식 후 술 취했을 때의 행태는 정말 가관이었다. 그럼에도 불구하고 간만에 카페에서 친구 만나 고작 몇 천 원짜리 커피를 마시며 수다 좀 떤다고 뭘 그렇게 씹어대는 건가? 그럼 엄마들은 아기랑 무조건 집구석에 틀어박혀 있으란 말인가 싶어 순간 화도 났다. 앞뒤 구분 못하고 "아이 엄마 = 맘충" 식으로 일반화시켜서 폄하하는 몰지각한 누리꾼도 문제지만 엄마들한테만 일방적으로 너무 많은 걸 요구하는 잘못된 사회 구조도 문제가 있다.

하지만 주위를 가만히 둘러보면 발끈하기만 하기엔 찜찜한 부분도 있는 건 사실이다.

"5세 미만의 어린이 손님을 받지 않습니다. 일부 매너 없는 부모님들 덕분에 고심 끝에 내린 결정입니다. 죄송합니다!"

시내 한 식당 앞에서 아이들을 데려온 손님들이 가게 앞 안내표지판을 보고 서성이다 발길을 돌린다. 5살 미만의 아이들의 출입을 금지한 내용이다.

얼마 전 법원은 뜨거운 물을 나르던 종업원과 부딪히거나 고기집에서 뛰어다니다 숯불을 데여 화상을 입은 아이들에게 각각 4,700만원과 1,000만원을 가게 주인이 배상하라고 판결했다. 안전관리 책임을 소홀히 했다는 이유이다. 이런 이유로 아이 출입을 막는 가게까지 생겨나고 있는 상황이다.

어느 주말, 가족들과 순두부찌개를 먹으러 간 적이 있다. 한 엄마가 우리 테이블 옆에서 아기의 똥 기저귀를 갈아주고 있었다. 밥 먹는데 냄새가 좀 신경 쓰이긴 했지만 그 식당 화장실에 아이를 눕혀놓고 기저귀를 갈아줄 공간이 없다는 걸 알기에 별로 개의치 않았다. 하지만 그 엄마는 똥 기저귀를 자기 테이블 밑에 슬며시 놔두고 식당을 나가버리는 것이었다.

그것만이 아니다. 지난 여름 유난스런 폭염으로 우리 가족은 주말이면 도서관에서 살았다. 에어컨을 빵빵하게 틀어줬기 때문이다. 도서관을 다녀와서 아이들은 방방 놀이터에서 두어 시간 신나게 뛰어놀고 집으로 오는 코스로 여름을 났다. 아이들이 방방 놀이터에 있으면 우리 부부는 근처 카페에서 커피를 마시며 책을 보곤 했다. 그러던 어느 날, 옆 테이블에 친구인 듯 보이는 엄마들이 즐거운 수대 삼매경에 빠져있었다. 화기애애했고 조금 시끌벅적하기도 했다. 그 때 한 엄마의 아이가 쉬가 마렵다며 쉬쉬 거렸다. 아이 엄마는 얼른 마시던 커피 빈 잔을 남자 아이 아랫도리에 받쳐서 오줌을 받아내는 것이었다. 아이들은 조용한 카페에서 다시 뛰어놀고 엄마 둘은 박장대소하며 수다에 다시 빠져들었다. 1회용 커피 잔에는 아이의 오줌이 그대로 있었다.

우리 테이블 바로 앞 쪽에서 벌어진 일이라 우연히 고개를 들었다가 그 광경을 지켜본 나는 너무 놀랍다. 평범한 엄마들까지 같이 욕먹게 하는 비상식적인 행동이었다. 문제는 그런 행동을 하는 엄마가 자신의 수준 이하 행동을 자각 못한다는 사실이다. 오히려 인터넷 댓글에서는 이런 글들이 보이기도 한다.

"쳇! 지들이 애를 안 키워봐서 뭘 알아?"

말을 알아듣지 못하는 아이를 데리고 간만에 바깥 바람 쐬는 엄마의 마음을 충분히 안다. 잠시도 가만있지 못하는 에너지로 충만한 어린 애들을 데리고 나와 밥 먹는 엄마들은 사실 밥이 코로 들어가는지 입으로 들어가는지 모른다. 아이와 씨름하면서 아이 이외의 다른 상황에 대해 미처 신경 쓸 여력이 없다. 아이의 기저귀를 화장실에서 왜 갈기 힘 드는지도 잘 안다. 아이를 눕혀놓고 갈아야 되는데 우리나라 화장실에는 아직까지 그런 공간이 없는 곳이 더 많다.

하지만 불가피하게 기저귀를 식당에서 갈아야 했다면 그 기저귀는 반드시 다시 가져가는 화장실 쓰레기통에 버려야한다. 이건 너무나 당연한 이야기다. 그걸 식탁 밑에 슬쩍 두고 나와 버린다는 건 상식없는 행동이다. 엄마라서 이해해달라는 건 사실 억지스럽다. 최소한의 기본은 지켜져야 하지 않을까?

나 좀 편하자고 하는 행동, 또는 내 아이만 우선시하는 이기적인 행동은 아이가 커가면서 그대로 복제라도 한 듯 엄마를 따라하게 된다. 내 아이가 남들을 배려하기는 커녕 자기 몫만 챙기기에 급급한 아이로 크길 바라는 부모는 없다. 하지만 아이가 매일 보고 복제하는 지금 내 모습을 신경 쓰며 항상 조심하는 부모는 많지 않다.

우리 몸에는 거울 뉴런(Mirror neuron)이라는 것이 있다. 상대방의 특정 움직임을 관찰할 때 활동하는 신경세포이다. 이 신경세포는 말 그대로 다른 사람의 행동을 거울처럼 반영한다고 해서 붙여진 이름이다. 옆 사람이 하품하면 내가 따라 하는 것이나 영화를 볼 때 주인공이 울거나 슬퍼하면 나도 슬퍼하는 공감 능력, 부부가 서로 닮아가는 현상 같은 것들이 다 이 거울 뉴런 때문이다. 이는 애착이 깊은 관계에서 더욱 활성화된다고 하니 부모의 비상식적인 행동을 가까이서 보기만 해도 아이는 무의식적으로 그대로 따라하게 된다.

나는 첫째 아이의 말투를 보면서 깜짝 깜짝 놀랄 때가 많다. 동생을 대하는 말투와 행동 하나 하나가 마치 내가 첫째를 대하는 바로 그 모습이기 때문이다. 그 모습을 보고 있으면 내가 저렇게 꽃같이 말했나 싶을 때도 있지만 얼굴이 화끈거릴 정도로 부끄러울 때도 있다. 아이의 태도에서 내 행동의 문제를 보고 매일 고쳐나가고 있다.

지나치게 자기중심적으로 아이에게 몰입해 있는 엄마의 양육태도는 아이가 자기만 보게 만든다. 다른 사람의 입장에는 관심을 두지 않는다. 자식의 행복을 위한다는 행동이 육아 이기주의로 이어지고 아이의 사회성에까지 영향을 미칠 수 있다. 지금 내가 하는 행동 하나하나가 미래의 내 아이 모습이라고 생각해보자.

셰익스피어가 말했다.

"꽃에 향기가 있듯 사람에겐 품격이 있다. 그런데 꽃이 싱싱할 때 향기가 신선하듯이 사람도 마음이 맑을 때 품격이 고상하다. 썩은 백합꽃은 잡초보다 오히려 그 냄새가 고약하다"

내 아이에게 향기 나는 엄마가 되어야겠다는 생각을 해본다.

2. 받는 게 당연한 아이로 키워라

나는야 뽀대 나는 엄마

많은 엄마들이 남편에게 드는 돈을 아깝게 생각한다. 남편이 자기계발을 할 수 있도록 지원해주기는 커녕 그나마 주는 용돈도 최소한으로 주려한다. 그 쥐꼬리만 한 용돈을 모아서 자기 생일이나 결혼기념일 때 남편이 선물까지 사주길 바란다. 은근히 강요도 한다. 그렇게 반 강제적으로 상납 받은 선물을 SNS에 사진 찍어 올리며 자신이 남편에게 사랑받는 아내임을 과시하곤 한다.

"우리 서방~ 한 달 용돈 10만원인데 6개월 모아서 내 생일 선물로 지갑 사줬엉~ 내 선물 사주겠다고 담배도 끊고, 버스비 아낀다고 걸어 다니고...흑흑 자기가 얼마나 나 사랑하는지 느껴져서 눈물이 나. 그동안 잘해준 것도 없는데. 아웅 고마웡~ 자기야 하트 뿅뿅! 나 앞으로 정말 잘할게! 우리 더 예쁘게 살자아아!"

대략 뭐 이런 식. 자기들끼리 집에서 얘기하면 될 것을 굳이 사진까지 찍어올리며 보는 사람까지 손발 오글거리게 만든다. 정말 먹을 것 못 먹고 찢어지게 가난해서 이런다면 말을 안 한다. 이런 엄마들이 아이한테 드는 건 하나도 아까워하지 않는다는 게 문제다. 아니 오히려 아이에게는 뭐든 다해주고 싶어서 안달이다. 눈에 넣어도 안 아플 귀여운 내 새끼니깐, 다 퍼주어도 부족할 판이다.

젊은 엄마들은 임신할 때부터 몇 백 만원을 호가하는 수입 유모차부터 수입 카시트, 명품 아기 옷과 스마트한 다양한 육아용품으로 아이를 맞을 준비를 한다.

일명 강남유모차, 유모차계의 벤츠, 강남분유, 명품분유, 강남젖병, 젖병계의 샤넬

요즘 엄마들 사이에서 육아용품 앞에 '강남'이란 글자가 안 붙으면 취급을 안 해준다고 한다. 실제 육아 커뮤니티, 블로그, SNS에서는 "요즘 강남 엄마들은 다 이거 쓴다더라"는 말과 휘황찬란한 구매 후기가 많이 올라와 있다. 실구매자인지 바이럴 마케팅을 하는 누리꾼 인지, 그것도 아니면 좋은 후기와 몇 군데 도배를 약속을 하고 공짜로 받아쓰는 알바맘인지 구분하기 어렵다. 실제 내 아이를 최고로 키우고 싶은 엄마들의 심리를 이용한 마케팅이 초보 엄마들에게 제일 잘 통한다고 한다. 정말 강남 엄마들이 많이 쓰는

제품인지, 좋은 제품으로 인증 받았는지는 사실 알 수 없다.

이처럼 내 아이에게는 태어날 때부터 최고를 해주고 싶어 한다. 조금 크면 비싼 전집에 방문교사 수업에 고액의 과외까지 형편 좋으면 좋은 대로, 나쁘면 나쁜 대로 아이의 풀 스케줄을 짜준다. 남편 밥은 못 챙겨도 아이가 한 끼 굶는 건 엄청 신경 쓴다. 내 자식한테는 조금 더 못해줘서 늘 안달이 나 있다. '생각만 해도 짠한 것!' 하면서 말이다.

하지만 우리 아이, 이 엄마의 '님 향한 일편단심' 알아줄까?

바퀴가 엄청나게 큰 명품 유모차를 한 손으로 밀고 다른 한 손에는 스벅 커피 정도는 들고 백화점이나 문화센터를 돌아다녀야 엄마가 좀 있어 보인다고 생각한다. 아이의 안전 때문이라고? 글쎄다. 엄마 스스로 아이를 아기띠나 포대로 안고 다니는 것이 더 안전하지 않을까? 안전의 문제만을 떠나 그게 바로 애착육아의 시작이고 중심이다. 특히 생후 3년 동안은 엄마 살 냄새가 아이한테는 최고의 선물이다. 엄마 어깨 내려앉을까 봐 유모차 태워야 된다는 것도 가슴에 손을 얹고 생각해보자. 그 큰 유모차 차 트렁크에 접어 넣고 꺼내고, 카시트에 앉기 싫다는 애 억지로 태우고 달래고...그게 반나절이다.

아이가 어릴 때 비싼 책과 비싼 옷도 아이한테는 오히려 해가 된다. 한 질에 50만원 , 100만원 하는 전집을 아기에게 사주면 아기는 그걸 순식간에 흔들어 찢어놓고 어디서 볼펜을 가져와서는 황칠을 해놓는다. 그럼 책 좋아하는 아이로 키워보겠다고 사준 그 책으로 아이에게 화를 내게 된다. 옷도 마찬가지다. 놀이터에서 달리고 구르고 해야 되는데 비싼 옷을 입혀 놓으면 아이가 아무렇게나 똥개같이 뛰어노는 꼴을 도저히 못 본다.

정작 아이는 관심도 없는데 엄마 겉치레를 위해 사 주는 것들이 많다. 아이가 좀 컸다고 해서 원하는 대로, 말 하는 대로 사주는 것도 곤란하다. 많은 부모들이 그 정도 사줄 형편은 된다고 생각해서 사준다. 지금 당장 큰 돈 드는 건 아니라서, 혹은 고집불통 내 새끼 마트에서 울고불고 하는 게 남 보기 민망하고 성가셔서 사주기도 한다. 하지만 그렇게 계속 입맛대로 사 주다보면 이제 아이는 그 모든 걸 당연하게 받아들인다. 게다가 용돈까지 알아서 척척 챙겨 준다면야 아이는 스스로 노력해서 이뤄보겠다고 애쓸 필요도 없으니 당연히 성취감을 배울 기회도 적어진다.

내 아이, 빚 독촉 하러 온 사채업자처럼 키울 것인가?

자신에게 주어진 모든 것들을 당연하게 받아들이는 아이들은 뭐라도 한 가지 부족하면 금세 불평불만을 늘어놓기 바쁘다. 아이는 매일 아침마다 빌려준 돈 받으러 온 사람 마냥 부모에게 당연하게 용돈을 달라고 하고, 최신 스마트폰을 사달라고 요구하며 게임기를 사달라고 조른다. 대학에 가서는 어학연수를 보내 달라, 유학을 보내 달라고까지 한다. 나중엔 장가가야 되니 전셋집을 마련해달라는 요구를 할 테다. 점점 더 많은 요구를 한다. 아이가 마치 빚 독촉 하러 온 사채업자처럼 부모에게 굴기를 바란다면 계속 그렇게 퍼주면서 받는 게 당연한 아이로 키워야 될 테다.

유명 벤처 투자가 마이크 메이폴스는 "시작할 때 지나치게 자금이 풍족한 회사는 자금이 부족한 회사보다 실패할 확률이 더 높다"고 말했다. 결국 결핍이 성공을 부른다는 이야기다.

아이들은 조금 부족한 듯이 키워야 더 잘 큰다. 풍족함보다는 부족함을 느끼고 자란 아이는 그 부족한 부분을 채우고 싶어 한다. 그게 동기부여가 되어 성취 욕구를 느끼고 저 스스로 부족함을 채워나가며 성장한다.

결핍으로 성장하는 아이

요즘 초등학생 중에서도 스마트폰 없는 아이들이 드물다. 첫째가 초등학교에 갓 입학한 1학년 1학기 초였다. 반 친구들 대부분이 키즈폰을 가지고 있다며 몇 날 며칠을 사달라고 조르는 바람에 결국 사준 적이 있다.

당시 풀타임도 모자라 잦은 야근을 하던 나는 다른 엄마들처럼 하교 시간에 맞춰서 아이를 기다리고 있다가 손잡고 데려 오지 못했다. 아이와 연락이 닿지 않으면 내가 더 걱정되곤 했다. 폰이 있으면 언제든 연락이 닿을 테니 아이 행방을 걱정할 일은 없을 것 같았다.

하지만 그건 내 착각이었다. 쉽게 얻은 그 폰을 처음에는 신기해하며 싱글벙글 좋아하더니 금방 흥미를 잃고는 더는 관심을 두지 않았다.

아이는 키즈폰으로 자기가 필요할 때는 전화를 했지만 정작 내가 전화를 할 때면 받지 않았다. 벨소리가 작아서 못 들었다고 하는데 내가 보기엔 논다고 정신이 없어서 폰은 거의 신경 쓰지 않는 듯 했다. 충전한다고 집에 두고 가는 날도 많았고, 폰이 없어져서 한참을 찾다가 전화를 해보면 학교 앞 문구점 아주머니가 "애가 폰을 두고 갔다"며 대신 받는 날도 있었다. 그 후로도 몇 차례나 잃어버리고 찾는 걸 반복하다가 결국 두 달 만에 그 폰은 영영 사라졌다. 1년간의 약정기간이 있어서 위약금을 물고 휴대폰을 해지했다. 물론 할부로 산 폰 기계 값은 별도로 내야했다.

그 뒤로 1년 6개월이 지났다. 지금까지 난 아이에게 폰을 사주지 않는다. 사실 급히 연락을 해야 할 때는 내가 더 답답하기도 했다. 제 시간에 아이가 오지 않을 때는 걱정도 됐다.

아이는 얼마간은 다시 사달라고 조르더니 나의 단호한 태도에 마음을 접고 그 상황에 금방 적응했다. 요즘은 필요할 때 공중전화 수신자 부담으로 전화를 한다. 길에서 급히 연락을 할 일이 있으면 근처 가게나 주위 어른께 사정을 설명하고 폰을 잠시 빌려서 내게 전화를 하곤 한다. 학교에서 엄마에게 자랑할 일이 있거나 또는 슬픈 일이 있으면 쉬는 시간에 수시로 공중전화 박스로 달려가 나에게 수신자 부담으로 전화를 한다. 난 학교와 동네 도서관 수신자부담 공중 전화번호를 "도균이 공중전화1", "도균이 공중전화2"라고 내 휴대폰에 저장해 두었다. 연결되기 전 상대방을 확인할 때 "엄마아~!"하고 부르는 아이의 한 마디만 들어도 오늘 우리 아들이 기분이 좋은지 나쁜지 바로 알 수 있다.

사실 처음에는 근무 중 바쁠 때 모르는 번호로 전화가 와서 계속 안 받았다가 아이가 "왜 엄마는 왜 자꾸 전화를 안 받아?!"라며 울먹일 때도 있었다. 아이가 어렵게 남의 폰을 빌려서 전화를 했는데 내가 못 받았으니 미안하고 안타까운 마음도 든다. 첫 조카에 대한 애정이 남다른 아이의 이모이자 내 여동생은 "아이고, 그거 얼마 한다고 그래? 우리 조카 불쌍하다. 내가 하나 사줄까?" 라고도 한다. 조카 바보 동생이 안쓰러운 마음에 말은 그렇게 하지만 내가 왜 굳이 안 사주고 있는지를 누구보다 잘 안다. 아이는 그 과정에서 상황에 대처하는 방법도 스스로 터득해갔다. 또한 자기 물건을 소홀히 해서 잃어버리고 불편함을 느꼈기에 자기 물건을 소중히 여기게 된 계기가 됐다고 생각한다.

풍족함은 좋은 일이지만 감사할 줄 모르게 하고, 부족함은 나쁜 것이지만 감사하게 만든다는 말이 있다. 아이는 분명 조금 더 나이가 들어 자기 휴대폰을 가지게 되면 1학년 때보다 훨씬 소중하게 다루고 감사한 마음도 가지게 될 것이라고 믿는다.

3. 최신식으로 노는 아이들?

식당에서 음식을 주문 후 잠시 기다리는 시간이 있다. 잠깐씩 일상적인 이야기를 나누기도 하지만 고개를 숙이고 각자 휴대폰으로 뉴스를 검색하거나 메일이나 문자를 확인하는 일이 잦다. 그러다 밥이 나오면 또 휴대폰을 봐가며 밥을 먹곤 하는 걸 자주 볼 수 있다.

친구들과 만날 때는 또 어떤가? 페이스북이나 인그타그램, 카카오스토리 등 각종 SNS에서는 서로 댓글을 달아주고 칭찬을 일삼으며 "좋아요"를 눌러대지만 실제로 얼굴을 마주보고 앉아 밥을 먹을 때는 오히려 각자의 휴대폰에 더 집중하는 경우를 종종 본다.

집에서도 마찬가지다. 우리 집에는 안방에 작은 벽걸이 TV가 하나 있지만 거의 사용은 하지 않는다. 그래서인지 남편은 가족들과 밥을 먹을 때 휴대폰에서 눈을 떼지 못하고 각종 기사를 검색하거나 좋아하는 축구를 보곤 한다. 내가 살짝 눈치를 주면 그제야 폰을 뒤집어 놓는데 어느 새 손에 폰이 다시 들려있다.

우리 아이들은 휴대폰이 없지만 밖을 나가보면 휴대폰 없는 아이들이 거의 없다. 휴대폰으로 각종 게임을 다운받고 단톡방(단체 카톡방)에서 쉴새없이 울리는 '카톡 카톡'하는 소리와 함께 하루 종일 손에서 폰을 놓지 못하는 아이들을 본다.

다들 휴대폰 안에서 만들어지는 가상 세상에 너무 빠져있는 건 아닐까 걱정스럽다. 많은 사람들이 온라인상에서 친구를 찾고 온라인상에서의 절친을 만들지만 정작 내 눈 앞에 앉아 있는 사람은 소홀히 하는 아이러니를 많이 저지른다.

물론 나는 블로그를 하며 새로운 많은 이웃을 알게 됐다. 육아, 독서, 자기계발, 글쓰기 등 공통 관심사를 가진 이들을 만나 소통하다보면 성장에 대한 자극도 받고 현실세계에서 만나는 한정된 사람들과 미처 못 나눈 속 깊은 이야기를 주고받을 수 있었다. 그런 점에서 내게 블로그는 소통의 매개체가 되어준다. 하지만 대부분의 어린 아이들은 이런 사이버 공간을 진정성 있는 소통의 매개체로 활용하지는 못한다.

엄마들은 어린 아이를 데리고 식당에서 밥을 먹을 때 입막음용으로 스마트폰을 아이에게 쥐어준다. 뽀통령 정도는 틀어줘야 잠

잠해지니 우선 조용히 밥을 먹기 위해서라도 어쩔 수 없이 스마트폰을 주게 된다. 집에서도 엄마한테 쉬지 않고 놀아 달라, 책 읽어 달라며 조르는 아이들을 스마트폰만큼 확실하게 떼 주는 것도 없다. 사실 아이 손에 스마트폰만 쥐여 주면 부모들은 그야말로 신세계를 맞이한다.

스마트폰이 아이에게 해가 된다는 걸 모르는 사람은 없다. 다만 어느 정도인가인데, 그걸 안다면 지금 당장 나 좀 편하다고 아이에게 무작정 폰을 줄 수는 없을 것이다.

스마트폰은 현란한 화면으로 아이의 시선을 잡아끌어 아이의 감정을 일시적으로 바꿀 수는 있다. 하지만 스스로 감정을 제어하는 능력을 키우는 데는 오히려 큰 방해가 된다고 한다. 분노 조절에 서툴러지고 인지적 기능이 저하되는 등 감정조절 능력이 현저히 떨어지게 된다. 뿐만 아니라 언어능력도 떨어뜨린다. 타이완 의회는 이런 이유로 만 2살 미만의 어린이에게 스마트 기기를 사용을 아예 금지하는 것을 법안으로 통과시킬 정도다. 하지만 한 설문조사에 따르면 우리나라 유아동의 50% 이상이 스마트폰을 사용하는 것으로 나타났다. 우리나라 아이들의 반 이상이 어릴 때부터 부모가 주는 스마트폰에 의해 분노조절이 어렵고 언어능력이 떨어질 수 있는 환경에 노출되어 있다니 안타깝다.

팝콘 브레인(popcorn brain)이라는 말이 있다. 팝콘은 200도가 넘어야 터지기 시작한다. 약한 열에는 꿈쩍도 하지 않는다. 팝콘이 터지듯 크고 강렬한 자극에만 우리의 뇌가 반응하는 현상을 팝콘 브레인(Popcorn Brain)이라 한다. 스마트폰에 빠진 아이들의 두

뇌를 일컫는 말로도 쓰인다.

아이들이 TV나 스마트폰 게임을 할 때 생각하고 분별하고 판단을 담당하는 전두엽은 아예 활동을 하지 않는다. 뇌에서 전두엽은 사람의 모든 행동과 인지, 운동, 감정, 언어 등을 담당하는 핵심 부분이다. 특히 이 전두엽은 감정조절 능력에 큰 영향을 미친다. 전두엽의 기능이 저하되거나 손상을 입으면 아이들의 반사회적 성향이 두드러진다. 정서불안과 성격장애, 사회성 부족으로 이어지는 것이다.

어떤 엄마들은 아이가 스마트폰이나 컴퓨터 게임을 할 때는 집중력이 뛰어난 데, 책 읽을 때는 몸을 비틀고 잠시도 가만히 못 앉아 있는다며 하소연 한다. 이런 문제에 대해 데이비드 월시의 『스마트 브레인』에서는 뇌의 '주의력 시스템' 때문이라고 설명한다. 뇌에는 자동적이고 본능적인 '반응성 주의력'과 전전두엽을 쓰며 훈련된 '초점성 주의력'이 존재한다. 즉, 게임을 할 때는 반응성 주의력이 작용하지만, 공부할 때는 초점성 주의력이 필요하다는 이야기다. 이처럼 TV나 스마트폰 영상, 게임으로 인한 집중력은 아이에게 결코 도움이 되지 않는다. 많은 부모들이 막연히 스마트폰의 폐단을 알고는 있지만 지금 아이와 놀아주는 것이 귀찮고 힘들다는 이유로 폰을 아이 손에 쥐어주곤 한다. 이는 아이가 울고 떼쓴다고 독이 되는 불량식품을 갓난아이에게 사다 먹이는 격이다.

꺼칠꺼칠 투박하고 맛없이 느껴지는 현미가 백미보다 훨씬 몸에 좋듯 조금 지루하고 따분해 보이는 시간과 공간 속에서 아이들이 스스로 놀 거리를 만들어가며 놀 수 있도록 해주어야 한다. 빠르게 돌아가는 스마트폰 게임 속에서는 아이들이 더 이상 생각이라는 것을 할 겨를이 없다. 뿐만 아니라 아이 안에 원래 있던 창의력도 없어진다. 지루하고 따분한 시간 속에서 놀거리를 스스로 찾아낼 때 아이의 창의력도 생긴다.

나는 집에서 TV를 안틀고 컴퓨터도 꼭 필요할 때만 사용하는 편이다. 아이들은 아직 컴퓨터 게임을 모른다. 오늘도 첫째는 나를 따라서 자기도 책을 쓰겠다며 '귀신놀이의 정석', '공포의 귀신 이야기' 등 요즘 한참 초등 교실에서 유행 중인 귀신놀이 방법에 대한 글을 적고 있다. 맥락도, 맞춤법도 책이라고 보기엔 어설프기 그지없지만 제 딴에는 매우 진지하고 열정적이다.

아이가 스스로 만들어내는 놀이에 기꺼이 빠지도록 기다려주자. 시켜서 하는 공부가 아니라 주체적으로 무언가에 빠질 때 아이는 몰입한다. 꼭 무슨 공부를 해서 몰입을 경험하지 않더라도 수많은 아이만의 놀이를 통해서도 몰입을 경험하게 할 수 있다. 이렇게 자기만의 놀이에서 몰입을 경험하면 더욱 깊은 생각을 할 수 있게 된다.

미국 클레이몬트 대학교 미하이 칙센트마하이 교수는 『몰입의 즐거움(Finding Flow)』에서 몰입의 경험을 이렇게 묘사한다.

"몰입은 삶이 고조되는 순간에 물 흐르듯이 행동이 자연스럽게 이루어지는 느낌을 표현하는 말이다. 이것은 운동선수가 말하는 '몰아일체의 상태', 신비주의가 말하는 '무아지경', 화가와 음악가가 말하는 '미적 황홀경'에 다름 아니다"

아이가 최신 스마트폰에 코를 박고 어른보다 빠른 손놀림으로 터치를 하고 화면을 휙휙 넘기며 보는 것으로는 내적으로 충만한 행복을 느끼기 어렵다. SNS에서 만나는 친구들이 아니라 밖에 나가서 진짜 동네 친구들과 뛰어놀 수 있도록 해주자. 직접 얼굴을 보고 부대끼고 놀며 사람과의 관계를 몸으로 익히며 클 수 있도록 해줘야 한다. 부모는 아이가 마음껏 구르고 뛰어놀 수 있는 시간과 공간만 제공해주면 된다.

4. 기부, 나눔? 배부른 소리하네!

씁쓸한 첫 봉사활동의 기억

"우-웩~ 컥컥"

뇌성마비를 앓고 있던 남자 아이는 계속 침을 흘렸다. 내가 떠먹여주는 죽과 아이가 흘린 침이 범벅이 되어 흘러내렸다. 아이가 손으로 내 얼굴을 만지던 순간, 나는 화장실로 뛰어 갔다.

중학교 때 봉사활동을 간 대구 어느 요양원에서의 일이다. 그 때 난 몸이 불편한 아이에게 죽을 떠먹여주는 일을 맡았다. 신경 써서 죽을 입에 떠 넣어 줘도 몸이 불편한 아이의 고개가 계속 움직이고 침까지 흘리니 내 앞치마는 금세 엉망이 됐다. 아직 미숙했던 난 속이 미슥거렸다. 도저히 참기 힘들어서 뛰쳐나갈 수밖에 없었다. 부끄럽고 씁쓸하기 그지없는 생애 첫 봉사활동의 기억이다.

대학교 2학년. 벽보에 한 달 일정으로 베트남 호치민 해외자원 봉사단을 모집한다는 안내문을 봤다. 그 때까지 난 한 번도 해외에 나가본 적이 없었다. 자원봉사단으로 뽑혀서 해외에 한번 나가보고 싶다는 흑심을 가지고 지원했다. 봉사보다는 잿밥에 더 관심이 많았다. 결국 호치민에 갈 수 있었다. 하지만 막상 현지에 가서 우리를 한없이 반기며 무조건적으로 따르던 그 곳 아이들의 말간 눈을 마주했을 때는 내 불순한 마음이 부끄럽게 여겨졌다.

살면서 진짜 가슴에서 뜨거운 뭔가를 가지고 남에게 손을 내밀어 본 기억이 별로 없었다. 길을 가다보면 흔히 지하철 입구 같은 곳에서 웅크리고 앉아 도움을 호소하는 걸인이나 장애인을 만나곤 한다. 그럼 난 주머니를 뒤적거려 나오는 동전 몇 개 또는 천 원짜리 한 두 장을 바구니에 담아주곤 '아! 착한 일 했다'라는 자기만족에 잠깐 뿌듯해하고 금세 그 걸인의 존재 자체를 까마득히 잊었다.

내 아이 너머가 보이다

이런 내가 아이를 낳아서 키우다 보니 언젠가부터 내 아이 너머가 조금씩 보이기 시작했다.

첫째 아이가 이제 막 뛰어놀기 시작했을 무렵 놀이터에서 깔깔

거리며 뛰어다니는 내 아이를 보고 있자니 그렇게 예쁠 수가 없었다.

'우리 애가 이렇게 예쁜데 다른 부모도 자기 자식은 얼마나 예쁠까?' 하는 생각이 문득 들었다. 우리 아이와 같이 주위를 뛰어다니는 한 명 한 명의 아이가 제 집에서는 다 꽃이겠다는 생각도 들었다. 남의 집 아이, 남의 나라 아이도 배가 고프면 힘들고, 배우고 싶은데 못 배우면 애타겠다는 측은지심이 마음속에서 희미하게 싹트는 것이 느껴졌다. 이건 어릴 때 봉사활동을 가면서 느꼈던 마음과는 달랐다. 내가 아이를 낳아 키우면서 생긴 진짜 마음이었다.

그 마음이 진해질 무렵, 처음으로 아주 작게 움직여 보았다. 언젠가는 나도 동참 하겠다고 막연히 생각 해오던 기부를 실천 해보기로 했다. 생각만 할 때는 막연했는데 실천은 정말 별 것 없었다. 그냥 손가락 하나부터 까닥하고 움직여봤다.

매달 자동이체 클릭.

처음에는 UN난민기구를 통해 국적 없이 태어나 떠돌며 최소한의 인권도 보장받지 못하는 시리아 난민 아이들이 눈에 들어왔다. 뭔가 큰 뜻이 있었던 건 결코 아니다. 막연히 애들이 얼마나 춥고 배고프고 힘들까라는 생각에 조금씩 돕기 시작했다.

매달 몇 만원. 정말 기부했다고 말하기도 쑥스러운 작은 돈이다. 그런데 신기한 일이 벌어졌다. 내가 누군가를 돕는다고 생각하니 매일 습관적이고 주체적일 것 없이 하루하루 출퇴근을 반복하던 일상이 누군가에게 보탬이 되는 일을 하는 일상으로 조금 다르게 느껴졌다. 문득 나는 생각하고 있었다.

'난 지금 나만 잘 먹고 잘 살자고 돈을 벌고 쓰는 게 아니야. 내가 움직여서 일을 하니깐 한 아이가 몇 끼 밥을 먹고 따뜻한 이불 하나 덮을 수 있잖아'

꼴랑 몇 만원에 오바한다 생각할 수도 있겠지만 좋았다. 생각지도 않게 덤으로 얻은 보너스였다. 이 기분 뭐지? 정말 희한했다. 주위엔 이미 수년 전부터 해외 아동 일대일 결연 같은 걸 하며 지속적인 나눔을 실천하는 사람도 많았는데 난 왜 그게 아깝다는 생각이 들었던 걸까? 밥값에 가까운 커피는 매일 사먹으면서.

한두 번 기부는 연말이나 어떤 행사 때 종종 하는 일이었다. 일 년 또는 평생을 두고 소액이라도 지속적으로 후원한다는 건 1년으로 계산하면 몇 십만 원, 몇 년이 되면 몇 백만 원, 평생을 두고 이어가면 몇 천만 원이 되는 거였다. 계산을 하니 그 돈이 아까워져서 시작을 못했던 것 같다.

'이 돈으로 적금하나 들면 돈이 얼마야?'

하지만 사실 그 돈 남는 걸로 적금 안 든다는 걸 비로소 알았다. 그냥 쇼핑 한 번 하거나 밖에서 외식 한번 해서 쓰고 만다. 소액의 나눔이라도 실천에 옮기게 되면 생각지도 못한 많은 게 바뀐다는 걸 알았다. '마더 테레사 효과'라는 게 있다. 남을 돕는 활동을 통해 일어나는 정신적, 신체적, 사회적 변화를 말한다. 실제로 1998년 미국 하버드대 의대에서 의대생들을 봉사활동에 참여시킨 후 체내 면역수치를 측정했더니 크게 증가되었다는 실험 결과도 있었다. 기부나 봉사로 인해 우리 몸의 면역기능이 좋아지고 건강해진다는 것을 알게 되었고 이것을 '테레사 효과' 라고 이름을 붙이게 됐다고

한다. 나눔과 봉사는 타인뿐만 아니라 자신에게도 긍정적인 효과
가 있다.

누군가를 돕는다는 건 도움을 받는 사람뿐만 아니라 행하는 사
람에게도 기쁨과 행복을 선물해 준다. 그 기쁨을 조금 알게 된 다
음 일대일 해외결연으로 몽골의 여자아이를 만나게 됐다. 처음 사
진을 받고 아이의 발그레 물든 동그란 뺨과 곱게 굴곡져 웃고 있는
작은 눈이 내 가슴에 들어왔다. 정기 후원과 함께 아이의 생일, 크
리스마스, 기념일 등에 내 아이에게 선물하듯 같이 챙기고 있다.
지금은 비록 한정된 월급을 받아 몇 군데 정기 후원하는 것이 다지
만 처음 그 아이 사진을 받아본 날 나는 적었다. 앞으로 내가 곱하
기로 살아서 지금보다 열배 쯤 많이 기부할 수 있게 됐으면 좋겠다
고. 그래서 내가 지금 이렇게 책까지 내게 될 수 있는지도 모르겠
다. 그 아이는 내가 돕는 아이가 아니라 나를 축복해주고 있는 아
이라는 생각이 든다.

엄마의 선한 영향력

재작년부터 한국국제 기아대책기구를 통해서 〈하은맘 S 프로젝트〉에 함께 하고 있다. 전 세계 최빈민국에 10년 안에 100개의 학교 짓기 프로젝트이다. 나 혼자라면 불가능한 일이였겠지만 아이를 키우는 선한 영향력을 가진 엄마들이 모이니 가능했다. 지난해에는 캄보디아 깜뽓 지역에 1호 방과 후 교실, 필리핀 마닐라 톤도에 2호 도서관 지원이 이뤄졌다. 인도네시아 땅그랑에는 3호 유치원이 건축될 예정이다. 매번 직접 그곳까지 가서 직접 현장에서 봉사를 하고 오는 멋진 엄마들도 있다.

우리가 후원한 학교가 지어진 곳에서 우리가 후원한 책을 읽는 아이들의 동영상을 봤다. 책을 후원해주셔서 감사하다는 아이, 그 책을 읽고 선생님이 되고 싶다는 아이도 있었고, 자기도 누군가를 돕고 싶다는 아이도 있었다. 가슴이 먹먹해지면서 눈물이 쏟아졌다. 그 때 받은 느낌을 말로 다 표현 못하겠다. 다만 그 아이들이 고마웠다. 그리고 내 아이들이 고마웠다.

이 프로젝트를 이끄는 하은맘은 『불량육아』, 『닥치고 군대육아』로 유명한 저자이자 인기 강사이다. 그녀는 책의 인세 뿐 아니라 강사료 전액을 기부한다. 그녀가 한 인터뷰에서 말했다.

"내 아이를 잘 키우려면 옆집 아이도 잘 키워야 한다는 걸 자연스레 알게 되거든요. 애가 커 감에 따라 아이는 내 욕심으론 절대 잘 키울 수가 없다는 깨달음도 얻게 되고요. 그 욕심과 이기심을 내려놓을 수 있는 가장 현명한 방법이 기부와 봉사더라고요"

그녀를 알고 난치병 환아돕기, 세월호 실종자 가족 구호 물품 보내기 등을 함께 하며 기부를 배워갔다. 그녀는 얼마 전 희망 월드컵에서 전 세계 아이들이 축구를 통해 꿈을 실현하는데 도움을 주고자 뜻을 같이 하는 엄마들과 인도 팀 구단주가 되기도 했다. 그 행사에 참여하며 확실히 깨달았다. 한 엄마의 선한 영향력이 얼마나 파급력이 클 수 있는지를. 그녀는 수많은 엄마들의 가치관을 바꾸고 한 가정을 바꾸면서 세상을 바꿔나가고 있었다.

자신만 바뀌어도 세상은 조금씩 변해간다. 하지만 이 선한 영향력의 따뜻한 기운은 나 하나만 바꾸는 게 아니라 주위를 따뜻하게 물들이고 또 다른 곳으로 번져감을 알았다. 그 아이들 중 누군가는 자기가 받은 사랑보다 더 큰 사랑을 또 다른 누군가에게 베풀며 살 것이다.

기부를 하고 누군가를 돕는다고 해서 나에게 금방 이익이 돌아오진 않는다. 하지만 스스로는 분명히 달라지는 부분이 있다. 다른 이를 도와준 후 내 안에 새겨지는 가치와 보람은 상상 그 이상이다. 실제로 한 설문조사 결과에서 사회적으로 높은 지위를 사람보다는 남을 돕는 일에 관심이 많은 사람의 행복지수가 높게 나타났다. 작은 덕을 쌓을 때마다 좋은 기운이 나를 바로 세워 항상 더 좋은 자리로 나를 이끌어준다. 하지만 이런 정신적인 보상보다 더 큰 게 있다.

기부, 복리의 부메랑

『주역』의 곤괘 문언전에 "적덕지가 필유여경(積德之家 必有餘慶) 이요 적악지가 필유여앙(積惡之家 必有餘殃)"란 말이 있다. 덕을 쌓은 집안에는 반드시 좋은 일이 일어나고 악을 쌓은 집안은 반드시 재앙이 온다는 뜻이다. 좋은 일을 했을 때 그 복이 직접 나에게 오지 않더라도 반드시 내 자식에게는 온다. 그것도 반드시 복리로 돌아온다. 내가 조금씩 덕을 쌓아서 자식에게 큰 행운을 물려줄 수 있다니 이 얼마나 뿌듯한 일일까! 소중한 내 아이들에게 돈보다는 덕과 행운을 물려주는 게 무엇보다 큰 유산이 될 것이다.

기부를 할 때는 늘 아이와 함께 해보자. 부모가 누구를 왜 돕고 있는지를 항상 아이에게 설명해주며 가진 것을 나눈다는 것이 어떤 의미인지 가슴으로 느끼게 해주자. 부모의 나누는 모습을 항상 지켜보고 자란 아이가 잘못될 수는 없다고 생각한다. 그 자체가 가장 훌륭한 교육이기 때문이다. 내가 쌓은 덕은 분명 내 아이 또한 좋은 기운으로 이끌어 줄 것이다. 우주의 기운을 바라는 목적(?)있는 기버(Giver)가 돼보자. 순수하지 않다고 비판하며 팔짱끼고 아무 것도 하지 않는 것보다는 백배는 더 가치 있는 일이라고 생각한다.

세계적으로 성공한 사람 뒤엔 기부가 함께 한다

MS 창립자 빌게이츠. 17년 동안 미국 내 갑부 1순위를 굳건히 지켜온 그의 기부는 정말 끝이 없다. 그는 죽기 전까지 재산의 95%를 사회에 환원하겠다 약속했다. 전 세계 곳곳에 기부를 행하고 있고 이로 인해 수백, 수천 만 명의 사람들이 삶의 희망을 갖고 살아가고 있다. 또 워렌버핏과 함께 더기빙플레지(The Giving Pledge)를 만들어 전 세계 부호들에게 기부 동참을 적극적으로 권유하고 있다. 더기빙플레지(The Giving Pledge)는 재산 중 50% 이상을 기부 하겠다는 공개적인 약속과 서명을 하는 운동이다. 지금까지 무려 542조 원 이상이 모였다고 한다.

세계적 투자자 워렌버핏은 뛰어난 투자 능력으로 31세에 이미 백만장자가 되었다. 그리고 그는 '오마하의 현인'이라는 별명을 얻을 만큼 기부에도 앞장섰다. 그는 "그동안 살아오면서 즐거웠던 기억들만 남기고 나머지 모든 것은 사회에 돌려주라"며 기부를 격려하고 있다. 물론 자신도 약 74조 원에 해당하는 순자산의 99%를 기부하겠다고 약속하고 2014년에 3조 원 가치의 주식을 환원했다.

우리나라에는 어떤 경우가 있을까?

강영우 박사는 1976년 한국인 최초 시각장애인 박사가 되어 사회복지법인 국제교육 재활교류재단을 창설하고 루즈벨트 재단 고문과 유엔 장애위원회의 부의장을 지냈다. 시각장애를 딛고 한국인 최초로 미 행정부의 차관보급까지 올랐던 그는 미국 내 장애인 분야에 큰 영향력을 발휘해 한국인으로서의 명예를 드높였다. 그는 췌장암으로 죽기 전 그를 장학생으로 선발해준 국제로터리 재단에 평화장학금 25만 달러를 기부하였다. 그의 장남 강진석은 안과의사가 되어 2011년 〈워싱턴포스트〉가 꼽은 수퍼닥터로 선정된

바 있고 차남 강진영은 오바마 대통령의 선임법률고문을 지냈다. 그들의 성공 뒤에는 늘 봉사하고 기부하는 삶을 산 그의 아버지 강영우 박사가 있었다.

삼보컴퓨터 창업자인 이용태 씨 재령 이씨 운악 이함 종가로 그 집안의 가훈은 '지고 밑져라'이다. 그는 말했다.

"당장 밑지고 지는 일을 하면 당장에는 손해를 보는 것 같지만, 그것은 결국 남의 마음속에 '저축'을 해놓은 것과 같다"

세계적으로 유명한 사람들이나 큰 성공을 거둔 이들의 삶을 들여다보면 그들 삶 뒤에는 기부가 늘 함께한다. 성공하려면 기부하라는 말이 아니다. 하지만 분명한 건 나눔을 실천하는 삶에는 좋은 기운이 항상 함께 할 수 밖에 없다. 그 좋은 기운이 내게 닿지 않으면 돌고 돌아 복리로 내 자식에게 간다.

많은 사람들이 기부가 돈 좀 있는 사람만 하는 일이라고 생각한다. 당장 저축할 돈도 없는데 무슨 배부른 소리 하냐고도 말한다. 아이를 낳기 전에는 나도 그랬다. 하지만 단 돈 몇 천원, 몇 만원이라도 시작해보면 내 삶이 다른 방향으로 풀리는 걸 느낄 수 있다. 내 아이에게 돈을 물려주긴 보다는 덕을 물려주는 것이야말로 아이와 나를 세우는 또 하나의 길이라고 나는 믿는다. 작게라도 지금 당장 움직여 보자. 나와 아이를 돕는 기운이 분명히 존재한다.

나오는 대로
말하기

1. 어제 남편과 한판 했습니까?

"당신과 살아주는 것만으로도 나는 마더 테레사야!"

"네가 마더 테레사면 나는 간디야. 노벨 평화상 받아야 돼!"

어느 드라마에서 부부가 싸우는 장면이다. 난 이 장면에서 '어머, 어머! 이거 완전 우리 집 얘기 아냐?'하며 완전 공감했었다.

아무리 사이가 좋은 부부도 아이를 키우며 살다보면 의견 충돌과 다툼이 없을 수 없다. 그런데 다들 이야기를 들어보면 어느 집 할 것 없이 입장이 비슷비슷하다. 아내는 인류애로 큰 아들 같은 남편을 품고 살아가는 마더 테레사고 남편은 악처를 감당하고 살아가는 비폭력 평화주의자 간디다. 그래서 일찍이 소크라테스는 말했나보다.

"결혼을 선택하든 선택하지 않았든 상관없다. 어느 쪽이니 후회하게 될 테니"

이런 똑똑한 양반 같으니!

결혼 전 나를 위해 뭐든 다 해주던 그 '오빠'는 결혼 후 얼마 못가 본색을 드러낸다. 연애 때는 뭐든 다 해 주려하고 나한테 모든 걸 맞춰주었다. 금방이라도 안보면 죽고 못 살 것 같은 때도 분명 있었다. 매일 밤 헤어지는 것이 아쉬워서 결혼했다. 분명 내가 원한 그 남자다. 하지만 결혼하면 그 때부터 얘기가 달라진다.

'내가 알던 그 오빠가 아니었어...........젠장!'

하지만 크게 억울해 할 필요는 없다. 그 오빠분도 같은 생각을 하고 있을테니.

나도 신혼 때는 자주 싸웠다. 도대체 뭐 때문에 싸웠는지 기억도 잘 안 난다. 맞벌이였고 둘 다 고단했다. 부모 준비됨 없이 연애 좀 하다가 바로 결혼을 했다. 결혼 하자마자 아이가 생겨서 마냥 좋아했다. 하지만 뒤따르는 일상은 결코 호락호락하지 않았다. 육아 초보 아빠, 엄마였던 우리는 애 한명으로도 둘이 쩔쩔매며 힘들어 했다. 지금 심정으론 한명 정도는 그냥 키우겠다 싶기도 하지만 그땐 심각했다. 20대에 처음 아이를 낳고 갑자기 어른이 된 초짜 엄마 아빠가 어찌할 바 몰라 동동거리다 싸웠던 것 같다. 신혼 때는 결혼 10년 차쯤 되면 더 이상 사소한 일로 싸우는 일은 없을 거라 생각했다. 하지만 그건 완전 착각이었다. 서로 건드려 봤자 피차 안 좋다는 걸 알기 때문에 이해할 것은 하고 포기할 것은 포기해가며 맞춰 사는 거다.

평범한 건강한 부부가 365일 사소한 말다툼 한번 없이 살 수는 없다고 생각한다. 싸우지 않는다는 건 둘 중 한 명이 득도를 한 성인이거나, 한 명이 무조건 희생을 하거나 둘 중 하나다. 보통의 부부라면 살다가 의견충돌이 있는 건 당연하다.

부부간의 관계에 있어서는 한 번씩 피식피식 압력솥 김을 빼줘야 되는데 꾹꾹 눌러놓으면 어느 순간 빵! 하고 터져버린다. 그렇게 되면 나도 다치고 그도 다치고 가족까지 다 다친다. 한 번씩 바람 빼주는 정도의 찐한(?) 대화는 오히려 부부관계를 건강하게 만든다. 중년의 선배님들이 보시면 번데기 앞에서 주름 잡는다 하실 수 있으나 10년을 치열하게 살아본 내가 직접 겪으며 느낀 부부의 지켜야 될 선은 있었다.

첫째, 아이들 앞에서는 싸우지 말기.

한 연구 결과에 따르면 부부싸움이 잦으면 자녀의 감정 제어 능력이 떨어진다고 한다. 앞서 말한 거울 뉴런(Mirror neuron), 즉 상대방의 특정 움직임을 관찰할 때 그 행동을 거울처럼 반영하는 것이 여기서도 그대로 적용된다. 자녀 앞에서 부부가 싸우며 감정 제어를 못하는 모습을 보여주면 아이는 그 모습을 그대로 보고 배운다. 아이도 화가 나면 상대방에게 소리부터 지르게 된다. 자주 싸우는 부모와 똑같이 아이의 감정 제어능력이 떨어지게 되는 건 당연한 결과다.

부부싸움은 아이에게 큰 스트레스와 불안감을 준다. 아이는 자기가 잘못해서 부모가 싸운다고 생각한다. 엄마 아빠가 싸워서 헤어지면 어쩌나, 이러다가 나를 떠날지도 모른다는 극도의 불안을 느낀다. 그런 불안은 아이가 커서 기억을 못하게 되더라도 아이의 무의식에 영원히 새겨진다. 말 못하는 아기라도 부부의 싸우는 모습을 보면 스트레스 호르몬이 소변 검사에서 그 수치가 나올 정도라고 한다. 아이들에게 부모의 싸움은 그야말로 세상이 무너지는 것과 같은 극도의 공포이다. 특히 부부 싸움이 딸의 얼굴에 부정적 영향을 미친다는 연구 결과도 있다. 호르몬의 변화로 여성적 매력이 떨어지고 남성적으로 변한다는 이야기다. 그 외에도 자주 싸우는 부모 밑에서 자란 아이는 늘 눈치 보며 자라게 되고 아이가 살아갈 세상에서 평생 힘들게 남의 눈치 보며 살아가기 쉽다. 어느 부모나 내 귀한 아이에게 평생을 함께 할 불안감과 눈치를 선물로 주고 싶진 않을 것이다.

물론 부부가 감정이 격해진 상황에서 아이들 앞에서 싸우지 않는 게 쉽지 않다. 그렇기에 처음부터 문제될 얘기는 되도록 아이들 잘 때까지 기다렸다가 얘기하는 것이 좋다. 부득이하게 아이들 앞에서 싸웠다면 화해 또한 아이들 앞에서 하는 모습을 보여줘야 한다. 부모도 서로의 의견이 다를 수 있기에 그걸 현명하게 해결하는 모습을 보여준다면 부부간의 소소한 말다툼이 아이에게 큰 상처가 되지는 않을 것이다.

"엄마 아빠는 서로 사랑하지만 서로 의견이 안 맞아서 싸울 수도 있어. 하지만 싸운다고 헤어지는 게 아니라 더 잘 살기 위해서 지금 맞추는 중이야. 너 때문에 싸우는 건 아니니 걱정하지 마"

아이는 부모가 서로의 의견충돌을 해결해 나가는 모습을 배우고 친구관계에서도 한번 씩 싸우더라도 현명하게 화해하는 방법을 터득하게 된다.

부끄럽지만 고백하겠다. 우리 부부가 잘 하는 게 잘 싸우고 잘 화해한다는 거다. 되도록 그때그때 푼다. 그리고 아이들 앞에서 미안하다 사랑한다고 말한다. 쓰담쓰담하고 뽀뽀하는 손발 오글거리는 제스쳐도 아이 앞에서 기꺼이 한다. 그럼 아이들은 우리 부부의 한 두마디 오가는 언성에는 크게 신경 쓰지 않는 듯 했다. 첫째는 어느 날 말했다.

"엄마 아빠 지금 싸우는 거예요? 또 저러다 금방 화해할거면서 왜 싸우나 몰라."

헉. 이 말을 듣고 얼마나 얼굴이 화끈거렸던지 모른다. 아이 앞에서 화해하는 것보다 처음부터 싸우지 않는 것이 훨씬 좋다는 건 당연한 이야기다.

둘째, 부부싸움에서 서로의 험담은 절대 금물이다.

"지 아빠 닮아서 하는 짓이…"

"넌 도대체 누굴 닮아서 그러니!"

이런 식의 아이 아빠를 무시하는 말은 아이가 자신의 존재 자체를 부정적으로 인식하게 되는 계기가 된다. 아빠를 닮은 건 유전인데 그걸 매도해버리면 아이가 자신의 근본 태생을 나쁘게 받아들이게 된다. 자신은 나쁘게 태어났으니 나빠지는 게 당연하다고 받아들인다.

헤더레어 와그너의 『오바마 이야기』에는 미국 최초의 흑인 대통령 버락 오바마의 가정사가 나온다. 오바마의 아버지는 아프리카 케냐 출신 흑인이였고 오바마가 두 살 때 아내와 이혼했다. 그는 하버드로 가면서 아내에게 공부를 마치고 오겠다고 약속했지만 그 약속은 끝내 지켜지지 않았다. 오바마의 아버지는 아프리카의 미래를 이끌어갈 리더가 되고 싶은 야망이 컸기 때문이라고 한다. 하지만 오바마의 어머니는 친아버지가 가족보다 하버드를 택했을 때도 그를 이해해주었다. 오바마에게 아버지의 이야기를 자주 들려주면서 정신적 지주로 삼을 수 있도록 하였다. '흑인과의 사이에 아들을 둔 젊은 이혼녀'라는 주변의 따가운 시선 속에서도 아버지의 부재가 아들의 마음에 상처나 분노를 남기지 않게 하려고 애썼다고 한다.

오바마의 어머니는 이혼을 하여서도 결코 아이에게 아버지의 존재를 부정하고 그의 인격을 무시하는 발언을 단 한 번도 하지 않았다. 자신들의 문제로 이혼을 하였으나 아이의 아버지로서는 여전히 존중해주었다. 덕분에 오바마는 정체성의 혼란을 겪으며 마약 복용까지 하던 방황과 혼돈의 시기를 겪기도 했지만 결국 잘 헤쳐나가서 세계인의 리더로 우뚝 설 수 있었다.

이처럼 설사 이혼한 부부라도 상대방 배우자의 험담을 아이 앞에서 해서는 안 된다. 아이에게 상대 배우자의 험담을 해버리면 미숙한 존재인 아이에게 부모 또한 미숙한 존재가 되어 아이들은 정신적으로 의지할 대상을 잃어버린다. 결국 부부 모두가 아이에게 권위를 잃게 된다.

셋째, 어떠한 경우에도 욕설과 폭력이 난무하는 막가파 싸움은 절대 노!

아무리 상대방이 잘못했다고 느껴져도 폭력이나 욕설은 상황을 더 악화시킬 뿐이다. 서로에게 지울 수 없는 깊은 생채기를 낸다. 폭력을 행사하고 나중에 미안해하며 사과하는 것은 일상적인 말다툼 후 서로 사과하고 화해하는 것과는 차원이 다르다. 서로에게 큰 앙금을 남겨주는 싸움이기에 근본적인 불신으로 사이가 회복되기 힘들다. 그리고 한번 그렇게 높은 수위의 싸움을 해버리면 다음에는 너무나 쉽게 그 단계까지 올라가 버린다. 걷잡을 수 없는 진흙탕 싸움으로 번지게 된다.

아이에게도 폭력성을 대물림할 가능성이 높다. 우리 아들이 나중에 가정을 꾸려서 화가 난다고 아내를 때리는 남편이 되어도 상관없다는 부모는 없다. 우리 딸이 남편에게 욕설을 내뱉는 아내이길 바라는 부모도 없다. 아이는 거울이라는 점을 다시 한 번 명심해야 될 것이다. 『탈무드』에는 이런 말이 있다.

"당신의 아내를 당신 자신을 사랑하듯이 사랑하고 소중히 지키시오. 여자를 울려서는 안 되오. 하나님은 그녀의 눈물을 한 방울씩 세고 있을 것이요"

서로 권위를 세워주는 부모 TIP

부모 스스로 권위있기는 쉽지 않다. 부부가 서로 존중하는 것이
답이다.

Ⅰ. 남편을 존중하자.
  – 유대인의 가정엔 '아빠의 자리가 있다'

Ⅱ. 아내를 사랑하자
  – 사랑받는 아내는 행복하다. 행복은 자정 곳곳에 전이되는 선
  순환이다

Ⅲ. 부부가 서로 칭찬한다
  – 어떤 점도 좋다. 아이 앞에서 부부가 서로를 칭찬하라

Ⅳ. 아이가 있을 땐 서로 존중하며 경어를 쓴다

Ⅴ. 가족 식사를 할 때 부모 먼저 수저를 들자

– 하임G. 기너트『부모와 아이사이』中

유대인의 이혼율이 세계에서 제일 낮다고 한다. 남편이 아내를 소중히 여기는 전통 때문이다. 하지만 남편이 아내를 존중하기 때문만은 아니다. 가정에서 남편의 권위를 세워주는 역할을 무엇보다 중시하는 유대인 아내들의 현명함이 남편의 사랑과 존중을 이끌어 냈다고 본다. 어차피 감정도 주는 만큼 받는다. 내가 받고 싶은 감정을 상대방에게 표현하는 노력이 필요하다.

넷째. 집안 얘기, 과거 얘기 무조건 피하자.

싸울 때 상대방의 부모님을 들먹이게 된다면 순식간에 감정이 격해진다. 또한 결혼 전의 일이나 예전에 싸웠던 일을 끄집어내는 것은 싸움이라는 불길 속에 기름통을 붓는 역할밖에 안 된다. 서로 간의 치부를 들어내는 진흙탕 싸움은 아무 소득 없이 서로를 갉아먹기만 한다. 정말 이혼하고 싶은 생각이 없다면 서로의 과거나 집안 이야기로 감정의 날을 세우지 말아야 된다.

가는 말이 고와야 오는 말이 곱다는 속담은 흔히 쓰이는 말이지만 이 말만큼 진리도 없다. 못마땅하고 화가 난다고 신경질적으로 얘기하면 그대로 나에게 가시 박힌 말이 돌아온다. 나의 짜증에 남편도 순간 언성을 높이게 되어 서로 감정만 격해진다.

별 것 아닌 일이 싸움으로 번지는 건 순식간이다. 어느 한 사람이 더 큰 소리로 기선 제압을 하면 잠깐 이기는 것 같아도 본질적으로 해결되는 건 없다. 더욱이 대부분의 아내들은 화가 나도 아이는 챙긴다. 식사준비며 청소 등 가사 일도 해가면서 화를 낸다. 하지만 남편들은 화나면 그냥 막가파 중2 수준이 되어버린다. 하루

짜리 가출을 할 수도 있다. 아내 입장에서는 든든한 조력자 한명을 잃게 되는 것이니 절대 손해다. 진짜 이기는 건 큰 소리쳐서 상대를 짓누르는 것이 아니라 기분 좋게 자기를 따라오게 만드는 것이다.

탈무드를 연구한 와세다 대학 교수 마빈 토케이어는 "결혼식에서 연주되는 음악은 그 기세가 군악대의 음악과 비슷하다"라는 탈무드의 말을 빌려 결혼식은 두 사람의 전사(戰士)가 전쟁터로 나아가는 것과 같다고 했다. 그는 말했다.

"이제부터 두 사람은 싸우고 상처 입을 것이다. 그리고 나이가 들면 부상병처럼 서로 위로 할 것이다. 결혼식 음악이 화려하고 웅장하며 군악대의 음악과 비슷한 것은 결혼한 두 사람이 전쟁터로 나아가는 것과 같이 때문이다"

2. 말이 먼저냐, 생각이 먼저냐

밤 11시 30분. 서울을 다녀오느라 늦은 시간 시외버스터미널에 도착했다. 택시가 좀처럼 잡히지 않았다. 같이 기다리던 사람들 중에는 맞은편 택시를 손을 흔들어 뉴턴 시켜 타고 가기도 했다. 택시가 온다 싶으면 잽싸게 뛰어가 잡아타고 가는 사람도 있었다. 나는 그렇게 못해서 결국 30분을 더 기다렸다. 하필 휴대폰도 방전이 되어 콜택시도 못 부르고 남편에게 전화도 못하고 있었다. 멀리 다녀오느라 피곤이 몰려오는데 택시는 좀처럼 잡히지 않으니 슬그머니 짜증이 나려던 참이었다. 하지만 짜증낸다고 달라질 건 없었다. 차라리 기도를 하자.

'하나님, 어서 집에 가서 아이들 곁으로 갈 수 있게 해 주세요'

속으로 중얼거렸다. 우연인지 내 기도가 닿았던 건지 정말 몇 분도 채 안 되어 '빈차'에 불이 들어와 있는 택시가 저 앞에서 비상등을 깜박이며 나를 기다려줬다. "우와! 신기해!"라며 기분 좋게 걸어가서 택시에 올라탔다.

"기사님, OOOO로 가주세요"

"OO동 말씀 하시는 거지예?"

택시 기사분이 웃음을 머금은 채 다시 확인하셨다. 그리고 말씀하셨다.

"제가 손님 저쪽에서 걸어오는 거 보고 한참 웃었씸더. 지금 이 시간에는 아무리 기다려도 택시 안 잡힐낀데 우찌 그리 여유롭나예? TV보면 레드카펫 지나는 여배우 있자나예. 딱 그래 걸어오데예. 아이고, 한밤에 택시 잡으믄서 하도 사뿐사뿐 걸어오길래 빵 터졌습니데이"

물론 놀리는 거였지만 밝게 농담하시는 게 기분 나쁘지 않았다. 나도 말했다.

"아, 이 시간에는 원래 택시가 없나봐예? 늦게 도착했드만 30분 넘게 기다려도 택시가 안 와가꼬 기다리다 추브서. 근데 기사님 딱 와주시니 진짜 너무 좋네예!"

기사님 설명을 들어보니 그 때는 버스가 이미 다 끊긴 시간대라 택시가 귀한 시간이었다. 게다가 그 날부터 지역 축제가 시작 되서 더 택시가 없다는 거다. 그렇게 택시를 못 잡고 있었으면 다른 사람이 낚아채서 타고 가기 전에 얼른 뛰어 와야 되는데 웃으며 사뿐 사뿐 걸어올 수 있다니 그 여유로움이 대단하다(?)는 말까지 덧붙이며 웃으셨다.

나도 기사님께 말씀을 어찌 그리 재밌게 하시냐고 또 웃고, 이런 저런 담소를 나누며 금방 집 앞까지 왔다. 기사님은 내가 피드백을 잘해줘서 얘기를 많이 한 거라고 하셨다. 손님이 피곤해보이고 반응이 없으면 목적지까지 가는 동안 한 마디도 안 한다고 하셨다. 그 때 내 손엔 택시비를 계산할 카드가 있었다. 다시 가방 저 밑을 뒤적거려서 지갑을 찾았다. 그리고 만 원짜리 지폐 하나를 꺼내서 드렸다. 택시비는 5,900원이 나왔다. 거스름돈을 주시길래 "나머지는 즐겁게 웃음 주신 값입니다. 조심해서 가세요" 하고 인사를 드리고 집으로 왔다.

말이라는 게 참 재미있다. 난 시외버스터미널에 도착할 때만 해도 오늘은 너무 피곤하니 집에 도착하자마자 씻고 바로 누워야겠다고 생각했다. 그런데 집에 도착해서 씻고 새벽 1시가 넘었는데도 전혀 피곤하지 않았다. 서로 좋은 말을 주고받으니 기분도 좋아지고 오히려 에너지도 얻은 듯 했다. 아마 기사님도 그 날은 야간 운행하시는 동안 조금 덜 피곤하지 않으셨을까 생각이 든다.

흔히들 긍정적 생각이 긍정적인 말로 나온다고 한다. 말의 중요성을 논하기 전에 긍정적인 마음가짐이 우선이라는 이야기다. 과연 그럴까?

"형식이 내용을 지배한다는 말이 있다. 공문에 형식과 틀이 잘 갖춰지는 게 우선이다. 어떤 내용이 다른 사람에게 신뢰를 받으려면 형식부터 제대로 갖춰야 한다. 틀을 제대로 갖추기 위해 신경을 쓰면 내용에도 공을 들이게 되어있다."

전에 모시던 정과장님께서 직원들에게 종종 하시던 말씀이다. 과장님은 대외적으로 나가는 공문의 형식을 매우 중시하셨다. 내용의 신뢰성은 형식이 담보한다고 늘 말씀이셨다. 물론 그 분은 공문에서 단어의 바른 사용, 오탈자, 문장의 줄 간격, 띄워 쓰기 뿐만 아니라 전체적인 기획력에 있어서도 배울 점이 많으신 분이셨다. 그 뒤로도 과장님의 그 말씀은 내가 일을 할 때 좀 더 주의를 기울이게끔 해주셨다.

'말이 먼저냐 긍정적 생각이 먼저냐'하는 문제로 되돌아가보자. 지금 당장 무심코 내뱉는 말부터 우선 좋은 말만 골라 해보자. 말의 형식을 곱게 하자. 말 안에 담기는 마음과 생각도 긍정적이게 바뀐다. 칸트는 말했었다.

"형식 없는 내용은 맹목이고, 내용 없는 형식은 공허하다."

형식과 내용이 서로 조화를 이뤄야한다는 말이다. 좋은 말이라는 형식이 먼저냐 긍정적인 생각이라는 내용이 먼저냐 하는 것은 결국 '닭이 먼저냐 달걀이 먼저냐'하는 문제일 수 있다. 하지만 그 날 난 택시 기사님의 긍정적 한마디로 긍정적 마음을 건네받았다. 우리는 그 때 그 때 상대방의 마음까지 일일이 다 보고 살지는 못한다. 그걸 대신 해주는 건 말이다. 내 입에서 나간 좋은 말은 부메랑이 되어 내게로 되돌아와 나와 내 아이, 우리 가족을 윤택하게 해준다.

나는 어떤 말을 하고 살았을까? 그리고 내 아이에게는 어떤 말을 했을까? 혹시 오늘 "피곤해죽겠다"는 말을 대수롭지 않게 내뱉지는 않았는가 생각해보자. 아니면 "애 때문에, 남편 때문에 내가 정말 못 살겠다"고 신세한탄을 하고 있지는 않았는가? 말하는 대로 이뤄진다고 했다. 누구 때문에 못 살겠다고 내 입에서 나가는 순간 내 무의식도 온 힘을 다해 그렇게 이뤄지도록 도와주고 있다. 뒤에서 좀더 자세히 이야기하도록 하겠다.

지금 당장 내 말부터 점검해보자.

3. 매일 신세한탄 하는 당신,
그대로 되리라

말하는 순간 온몸이 복종한다.

"아, 피곤해죽겠어!"

"어휴 더워 죽겠네. 요즘 날씨가 왜 이래?"

"되는 일이 하나도 없네. 아 짜증나!"

일상에서 무심결에 흔히 내뱉는 말들이다. 말 끝마다 '죽겠다'는 접미사를 붙이는 게 부정적인 말이라는 것을 의식조차 못한다. 정말 무심결에 습관처럼 내뱉기 때문이다. 하지만 무심결에 내 입 밖으로 나간 말들이 나에게 어떤 효력을 내는지 알게 되면 입에서 아무 말이나 내뱉지는 못할 것이다.

뇌의 가장 중심에 언어중추가 있다. 최근 신경과학자들은 뇌 속의 언어 중추가 모든 신경계에 강한 영향력을 미치는 것을 발견했다. 즉 말이 우리 몸 전체에 영향을 주어 우리의 일상생활을 지배한다는 거다. 신경학계에서 발견한 바에 의하면, '나는 능력이 없어. 내가 어떻게 이런 일을 할 수 있겠어?' 하고 생각하고 말하는 순간 모든 신경들은 똑같이 그렇게 선언하고 반응한다고 한다.

'우리는 아무 능력이 없다고 중추 신경 조직에서 지시 받았다. 우리는 어떤 능력도 계발해선 안 된다. 우리는 지금부터 무능한 사람이 되도록 준비하자!'

마찬가지로 '오늘 너무 피곤해. 피곤해서 아무것도 할 수가 없어.'라고 말하는 순간 언어 중추는 또 영향력을 행사하며 몸 안의 모든 신경계에 명령한다.

'몸이 지금 너무 피곤하고 아프다. 바로 자리에 누워라. 아무 것도 하면 안 된다'

물론 언어중추의 명령을 받은 몸 전체 신경계는 즉시 몸 전체를 무기력하게 만들고 아파지게 만든다.(피곤하다는 말을 항상 입에 달고 살던 나는 피곤하게 살 수 밖에 없었다는 사실. 이런!)

정말 놀랍지 않은가? 내가 피곤하다고 말을 하는 순간 언어중추에서 지시를 받은 내 몸의 모든 신경들이 실제로 신체적 상태가 피곤하고 아파지도록 조절한다고 한다. 능력이 없다고 인정하고 말하는 순간 무능력한 사람이 되도록 준비를 시켜준다니 놀랍기만 하다.

물과 파동 분야의 세계적인 학자인 에모토 마사루의 말로 인한 물의 결정에 대한 연구는 유명하다. 그는 물에 다양한 감정의 말을 전한 후 변화를 관찰했다. 그 결과 '사랑', '감사', '고맙습니다'의 말을 할 때 물은 또렷하게 육각형의 아름다운 결정을 만들었다 '멍청한 놈', '짜증나', '죽여 버릴거야'의 부정적인 말을 할 때, 물은 하나같이 결정을 만들지 못했다. 특히 '짜증나', '죽여 버릴거야'라는 말에 대한 물의 반응은 마치 어린애가 학대를 당한 것처럼 보인다고 그는 표현했다.

우리는 이 실험으로 말이 물에 미치는 위력을 생생히 알 수 있다. 우리의 몸은 70%가 물로 이루어져 있다. 물로 가득한 인체에 부정적인 말을 하는 것은, 바로 자기 자신을 파괴하는 행위다. 일상에서 무의식중에 내뱉는 부정적인 나의 말 한마디가 나 자신뿐만 아니라 내 아이, 내 가족에게도 파괴적인 영향을 미친다. 혹시 습관적으로 매일 신세한탄을 하고 있지는 않나? 기대하시라. 내가 신세 한탄한 그대로 실현될 것이다.

부정 질문을 긍정 질문으로 바꾸기

부정적인 내 말이 나를 지배하듯 아이를 향한 엄마의 부정적인 질문은 아이와 엄마 모두에게 부정적 기운을 준다. 특히 그런 질문을 하는 엄마 자신에게는 조바심과 불안감만 높인다. 이 불안은 아이에게 규제와 금지의 부정어를 계속 사용하는 악순환을 가져온다. 계속해서 지시하고 가르치게 된다. 자기감정에 휩싸여 아이를 혼내기까지 한다.

부정적 질문이 부정적인 말이 되어 부정적인 결과를 낳고 다시 부정적 질문을 하게 되는 악순환이 반복 된다. 이제는 부정적인 질문을 긍정적인 질문으로 한번 바꿔보자. 엄마들이 자주 실수하는 질문으로 몇 가지 예시를 만들어봤다.

수업시간에 집중 안할래?

→ 수업시간에 집중 잘하려면 어떻게 해야 될까?

친구랑 사이가 안 좋으면 어떻게 할래?

→ 친구와 사이좋게 지내려면 어떻게 하면 될까?

숙제 자꾸 미루고 안하면 어쩌지?

→ 숙제를 그때그때 잘하게 하려면?

첫째의 학부모 상담을 간 적이 있다. 담임선생님이 아이에 대해 여러 좋은 점을 말씀해주셨다. 하지만 마지막에 "균이가 요즘 들어 수업시간 옆 친구와 이야기하길 좋아합니다"라는 말씀을 살짝 덧붙이며 웃으셨다. 아주 완곡한 표현이셨지만 아이가 수업시간에 친구와 이야기하느라 선생님 말씀에 집중을 안 하는구나 싶은 마음에 걱정이 앞섰다.

'수업 시간에 선생님 말씀에 집중하는 것이야말로 수업 태도의 기본이다. 수업 시간에 옆 짝과 잡담이 잦아지면 선생님 말씀을 놓치고 무슨 수업을 했는지 따라가기가 힘들다. 반복되면 수업 자체에 흥미를 잃어버릴 수도 있다'

단순히 '집중을 안 하는 것 같다'는 부정적인 생각이 꼬리를 물고 부정적인 결과를 머릿속에서 계속 그려내고 있었다.

이상하게 흘러가는 내 감정의 흐름을 인지한 순간 얼른 다시 생각했다. '집중 안하면?'의 부정어를 지우고 '집중하려면?'에 포인트를 두고 다시 생각하기 시작했다. 아이에게 사람과 대화할 때는 입보다는 귀가 무엇보다 중요하다는 경청의 중요성을 이야기 해주었다.

"엄마는 균이가 예쁜 귀를 가진 사람이 됐으면 좋겠어. 오늘도 수업시간에 예쁜 귀 하려면 어떻게 해야 될까?"

"선생님 말씀에 귀 기울이구요. 옆 짝과 수업시간에는 장난치지 말고, 쉬는 시간에 놀아야 돼요"

아이는 스스로 자기가 해야 될 일들을 말해주었다. 며칠이 지나 담임선생님께 아이의 수업 태도를 여쭤봤을 때 몰라보게 좋아졌다는 말씀을 들었다. 이제 쉬는 시간에도 다음 수업 준비를 미리 해놓고 뛰어논다는 말씀까지 해주셨다.

부정적인 질문을 긍정적인 질문으로 바꾸면 엄마 자신의 조바심과 불안을 피할 수 있다. '이렇게 해라 저렇게 해라'는 지시어가 아니라 아이가 스스로 할 수 있도록 '어떻게 하면 좋을까?' 라는 질문으로 말만 살짝 바꾸면 아이는 스스로 답을 찾고 자기가 말한 대로 행동하려고 노력한다. 엄마가 지시하는 것은 한 가지 방법이지만 아이 스스로 찾은 답은 여러 가지의 창의적인 답이 나올 수도 있다. 그게 내 아이에게 맞는 방법이다.

아내이자 엄마인 나의 말

앞의 물 실험을 뒤집어 생각해보자. 자존감이 낮고 열등감이 큰 사람도 스스로에게 '난 잘 할 수 있다. 난 행복하다'는 말을 되풀이 하면 자존감이 올라가고 긍정적 사고로 변할 수 있다는 이야기가 된다. 그렇다면 아내이자 엄마인 나의 말 한마디 한마디가 우리 집에 어떤 영향을 미치고 있는지 생각해 봐야 된다.

남녀가 처음 연애할 때는 서로의 외모에 많이 끌린다. 하지만 좀 살아본 사람들은 다 안다. 배우자의 외모가 살면서 전혀 중요한 게 아니란 것을.

나는 결혼 전에 남편의 훤칠한 키와 나름 센스있게 옷 입는 스타일이 좋았다. 지금은 어떠냐고? 결론부터 말하면 난 남편의 옷이 싫다! (여기서 느낌표 백 개쯤 찍고 싶다.) 남편은 키가 워낙 커서 자기 사이즈에 맞는 괜찮은 옷을 보면 우선 확보해야 된다는 게 그의 주장이다. 특히 등산용 겨울 점퍼를 사랑하는데 집 팬트리 한쪽 벽면을 자기 옷장으로 개조해 30벌이 넘는 겨울 점퍼를 걸어두고 있다. 그 두툼한 겨울 옷 하나가 정말 이불만하다. 한 해 겨울동안 매일 하루씩 바꿔 입어도 한 벌을 두 번도 채 입지 못한다. 아니 아예 못 입고 지나가는 옷도 많다. 그럼에도 불구하고 거기에 한 벌씩 추가되는 택배 박스가 오곤 한다.(그것도 여름에!) 남편은 술, 담배를 안 하는 대신 독서와 쇼핑이 취미인 보기 드문 남자다.

외모나 스타일 같은 겉모습이 중요한 게 아니다. 배우자의 외적인 부분보다는 나를 인정하고 존중하는 배려의 말 한 마디가 부부 관계를 훨씬 돈독하게 유지시켜 준다. 그 한마디가 배우자를 잘 생겨 보이게 또는 예뻐 보이게 해주는 결정적 요인까지 된다.

보통 우린 상대방이 무슨 성과를 냈거나 뿌듯해하는 일을 자랑하면 "잘했어"라고 말한다. 하지만 이건 칭찬이 아니다. 우린 배우자의 성과를 평가하는 상급자가 아니다. 그렇다면 아내이자 엄마인 나의 말은 어때야 할까?

첫째, 상대방을 인정해주는 말을 해야 한다.

"잘했네!"

"내가 내조(외조)를 잘해서 그래"

"나 만나서 당신 승승장구한다. 정말!"

이런 말은 하나마나다. 아니 하지 말자. 더 이상 대화 진행이 안 된다. 그냥 딱 한마디면 충분하다.

"우와 당신 정말 대단하다. 당신 정말 멋지다"

인정하고 존중해주는 말. 그 한 마디로 힘을 얻고 배우자에 대한 애정까지 생긴다.

둘째, 명령어 대신 부탁의 말을 써야 한다.

우리나라 남자들이 아내에게 가장 듣기 싫은 말이 명령어라고 한다. 가부장적인 아버지 밑에서 아버지께 매일 명령받고 자란 남자일수록 아내가 명령하면 못 견딘다. 우리 남편도 "음식물 쓰레기 좀 버리고 와" 이렇게 말을 하면 못 들은 척 한다. "자기야, 음식물 쓰레기 좀 버려줄래?" 라고 조금만 말이 바뀌면 양손에 음식물통을 들고 나서는 남편의 뒷모습을 볼 수 있었다.

셋째, 존재자체를 세워주는 말을 해야 한다.

아이가 공부를 잘해서, 부모 말을 잘 들어서 좋다고 해서는 곤란하다. 그냥 아이 존재 그 자체로 좋은 거다. 물론 아이도 그런 부모의 마음을 느낄 수 있게 해주는 것이 좋다. 유명 심리학자 웨인 다이어는 말했다.

"인간의 가치는 스스로 증명해야 할 성질의 것이 아니다. 인간은 존재하는 그 자체에 가치가 있으며 생명이 있는 모든 것은 존귀한 법이다. 자기 평가, 즉 자존감은 한 인간으로서 자신을 어떻게 보고 있는가를 나타내는 말이다. 아이의 자기 평가는 주위 사람들이 그 아이를 얼마나 소중하게 생각하고 있느냐에 기초한다. 따라서 부모가 아이를 사랑스럽고 소중한 존재로 여기면 아이도 자신을 가치 있게 생각 한다"

내 아이가 내 아이로 와준 첫 기억을 떠올려보자. 아이가 그저 건강하게 태어나준 것만으로도 얼마나 가슴 벅찬 감동이었는지 기억해 보자. 아이는 그냥 내 아이라서 좋다. 나는 우리 아이들에게 아침, 저녁으로 항상 말한다.

"도균아, 네가 엄마 아들이라서 엄마는 너무 좋다!"

"다일아, 우리 막내가 엄마 아들이라서 엄마는 너무 좋아"

남편이 승진이 되고 사업이 잘 되서 돈을 많이 벌어다주니깐 좋다고 인정해주자는 것이 아니다. 매일 반복되는 일상에서 그런 일은 흔하지 않다. 그럼 별 일 없는 평소에는 정말 감사하고 좋아할 일이 없어지게 된다. 그냥 일상을 즐기는 말을 해보자.

"당신이 있어서 좋다"

"당신이 내 남편이라서 참 좋~다!"

이런 지지의 말이라면 남편도 아내 그 자체로 사랑하고 지지해 줄 것이다.

4. 당체 감사할 만한 게 없다고?

한바탕 바쁜 아침을 치러내고 출근해서 책상에 앉았다. 그 때 온 한통의 문자.

"결혼기념일을 진심으로 축하드립니다. 기쁨과 행복이 가득한 날 되시기 바랍니다."

뜨아! 뭐야? 나 오늘 결혼 기념일이었어? 회원 가입된 한 인터넷 사이트에서 자동 발송되는 문자가 나의 결혼기념일을 알려주다니, 순간 기분이 묘했다.

그래, 난 결혼 11년차 중견(?)부부다. 불과 얼마 전까지는 '우리 그날 뭐할래? 영화나 한편 볼까? 저녁은 뭐 먹지?' 하고 며칠 전부터 고민했었다. 그런데 이번에는 결혼기념일을 나도 기억 못했고 남편도 기억 못했다. 어이가 없었다. 평소 같으면 섭섭함과 속상함이 뒤엉킨 감정으로 남편한데 따지듯 "카톡 카톡" 메시지를 날려댔을 거다. 그런데 문득 이런 생각이 들었다.

'남편만 잊은 거 아니잖아? 나도 까먹어놓고 뭐가 섭섭하다는 거지?'

서운한 마음을 금방 고쳐먹고 카톡 한 줄을 보냈다.

"신랑! 나 데리고 살아줘서 고마워. 결혼기념일 축하♡!!"

머쓱해진 남편은 이모티콘으로 답장을 보내왔다. 나름 유명하다는 파스타 집을 골라서 저녁을 먹자고 먼저 제안해왔다. 덕분에 그날 우린 간만에 둘만의 오붓한 저녁 식사를 함께 했다. 이런저런 얘기를 나누다가 남편이 말했다.

"우리 내년엔 프라하 가자"

물론 공수표 남발한다 싶었다. 아직 아이들이 어려서 진짜 프라하 언제 갈 수 있을지 모르겠다. 하지만 뭐 공수표면 또 어떤가? 말로는 "치~" 했지만 서로 기분 좋게 한번 웃은 걸로도 충분하다. 신혼 때 우린 자주 싸웠다고 했다. 나는 남편의 도움이 부족하다고 생각했다. 불만가득한 날이 많았다. 특히 내 몸이 피곤하고 고된 날은 남편을 탓하는 내 잔소리가 부부싸움으로 이어지곤 했다. 그렇다고 남편이 육아와 가사에 나 몰라라 하는 건 아니었다. 오히려 남편은 꽤 자상한 아빠다. 하지만 난 남편이 나를 도와주는 긍정적인 부분보다 몇 가지 못마땅한 부정적인 부분에 집중하곤 했다. 부정적인 부분에 집중하니 불평불만. 책임전가, 상대비난 등 계속해서 부정적인 마음이 이어졌다.

한 대학 교수는 학생들이 자신의 수업을 평가한 교수평가 자료를 보았다. 35명 중 30명의 학생이 긍정적인 피드백을 주었고 단 3명이 부정적인 피드백을 주었다고 한다. 하지만 그는 자기 생각을 지배하는 것은 90프로의 긍정적 피드백보다 10프로의 부정적인 피드백이었다고 고백했다.

이처럼 사람들은 긍정적인 경험을 더 자주 할지라도 부정적인 경험에 더 강한 반응을 보인다. 왜 그럴까? 이는 우리의 뇌와 연관되어 있다고 한다. 진화론 관점에서 인류는 주변의 부정적인 상황에 민감하게 반응해야, 맹수의 공격을 피할 수 있었다. 자신을 세상의 위협으로부터 지키고자 하는 생존 본능에 따라 우리의 뇌는 부정적인 것에 더 민감하게 반응해왔다.

남편과 나의 대부분의 말다툼은 부정적인 것에 더 민감한 내 말 때문이었음을 어느 순간 깨달았다. 내가 불평불만에 가득 차 상대를 원망하는 마음을 가지면 남편 뿐 아니라 아이에게도 부정적인 기운이 고스란히 전해졌다. 나의 부정적 말투, 습관, 생각을 아이가 그대로 답습하는 것이었다.

내가 남편에게 짜증을 낸 날, 첫째 아이는 어김없이 동생에게 민감하게 짜증을 냈다. 조그만 일에도 못 참고 버럭 화를 내기도 했다. 첫째가 둘째에게 하는 행동은 내가 남편에게 하는 행동이거나 내가 첫째에게 하는 행동 그대로였다. 맹수의 공격을 받는 것도 아니고 전시도 아닌 평온한 일상을 나는 왜 본능에 따라 부정적인 것에 내 휘둘렸던 걸까?

생각을 고쳐먹었다. 부정의 창이 아닌 긍정의 창으로 상황 보기를 시도했다. 감사의 눈으로 세상을 보기로 마음먹었다. 하지만 마음만 먹었다고 해서 하루아침에 '아! 세상이 핑크 빛이로다. 완전 행복해!' 이렇게 되진 않았다. 처음에는 정말 감사할 만 게 없는 하루도 많았다. 감사도 훈련이다. 연습을 해야 했다. 매일 감사함을 말하기로 했다. 매일 감사할 거리를 만들어서 억지로라도 감사하다고 말을 했다.

여름에 둘째가 모기 물린 다리를 긁느라 밤새 잠을 못 잤다. 잠결에 계속 긁다보니 어느 순간 다리가 단단하게 퉁퉁 부어 있었다. 자면서도 계속 칭얼거렸고 몇 번을 자다 깨기를 반복했다. 아이가 울고 보채니 나도 잘 수 없기는 마찬가지였다. 눈을 감은 채 꾸벅꾸벅 졸면서 아이 다리에 얼음찜질을 계속 해줬다. 평소 같으면 그렇게 몇 시간이고 잠을 못자는 상황이 되면 속으로 '%$&!@&$!'(죄송. 나만의 암호다)했을테다. 하지만 그 때 난 감사 말하기를 연습했다.

"하나님, 다일이 다리가 빨리 낫게 해주셔 감사합니다"

"제가 얼음찜질 그만하고 잘 수 있게 해주셔서 더 감사합니다"

둘째 녀석은 지독한 모기한테 물렸던 건지 내게 잠깐의 새우잠을 허락하고 다시 보챘다. 남편이 화장실 가려고 깼다가 꾸벅꾸벅 졸면서 중얼거리는 내 모습을 봤다. 결국 다리가 퉁퉁 부어 괴로워하는 둘째를 업고 응급실에 데리고 가줬다. 새벽 3시에 응급실에서 주사를 한 대 맞고 온 둘째 녀석은 다시 싱글싱글하며 잠을 잘 잤다. 내가 연습한 감사함이 기적을 일으키진 않았지만 잠자는 남편을 일으켜 몇 시간이라도 내게 단잠을 선물해줬다.

매일 아이들의 깨끗한 눈을 보며 엄마 아들로 태어나줘서 고맙다고 말할 때 아이들은 내 마음을 이내 흡수해 바로 내게 돌려준다.

"엄마 나도 엄마가 우리 엄마라서 고마워요"

"엄마 세상에서 우리 엄마가 제일 됴아요"(둘째의 혀짧은 발음)

긍정의 창을 통해 감사함을 말하기 시작하자 별 것 아닌 일상이 다 감사한 일이었다. 우리 네 식구 및 부모님이 건강하신 게 가장 감사한 일이다. 매일 나갈 직장이 있다는 것도 감사할 일이다. 편히 쉴 집이 있다는 것과 그 집에서 평온하게 책 한권 읽을 수 있다는 것도 정말 감사할 일이다. 정말 무엇 하나 감사하지 않을 게 없다. 무엇보다 나의 바뀐 시각으로 우리 아이들이 더욱 긍정적이게 바뀌게 된 것은 더 없는 감사함이다.

세상에는 이 감사의 마음만으로도 역경을 이겨내고 성공에 이른 사람들은 무수히 많다. 미국에 특파원들이 현장에서 인터뷰를 하는 형식의 인사이드 에디션(Inside Edition)이라는 프로그램이 있었다. 이 프로그램의 진행자로 유명한 데보라 노빌은 고난을 딛고 성공한 사람들을 취재하면서 이들이 감사의 말을 많이 한다는 공통점을 발견했다고 한다. 그 후 감사를 집중 취재해서 삶의 가장 큰 에너지가 바로 감사에서 비롯된다는 사실을 깨달았다고 그녀는 말한다.

"감사합니다"

내가 감사함을 말하는 순간 나 자신 뿐만 아니라 우리 가족과 내 아이가 변한다. 엄마의 감사함을 먹고 자라는 아이는 짜증이 줄고 웃음이 느는 게 보인다. 알랭 드 보통이 말했다.

"사람은 누구나 행복하기를 간절히 바라는데, 그러기 위해서는 온갖 힘을 기울여야 한다. 행복이 찾아오기만 기다려 문을 열어둔 채 방관만 하고 있다면 들어오는 것은 슬픔뿐이다"

연습하자. 감사도 훈련이다. 말로는 꾸준히 아이들에게 감사함을 표현해왔지만 얼마 전부터 좀 더 구체적으로 감사함을 연습할 수 있게 된 방법이 있다. 그건 바로 감사일기와 감사편지였다. 늘 생각하고 말로 표현하는 것도 효과는 있었지만 생각만 하는 건 금방 날아가 마음에 깊게 남지 않았다.

먼저 아침에 일어나서 2~3줄이라도 감사한 일들을 글로 적으니 매사 긍정의 프레임으로 상황을 보기 시작했다. 바뀐 시선으로 진짜 감사함을 담아 말하니 반복되는 일상도 소소한 행복으로 느낄 수 있었다.

두 번째 방법은 『땡큐레터』라는 책을 통해 알게 된 감사편지였다. 나는 그 책의 저자 신유경 작가님을 어느 모임에서 알게 되었다. 그녀는 돈을 버니깐 감사하고 공부할 수 있어서 감사하고 가족들도 내게 도움이 되니 감사했던 가짜 감사병에 걸렸을 때는 정작 힘든 일이 닥치자 무너져 내리고 우울증에 걸렸다고 했다. 진짜 행복해지고 싶어서 쓰기 시작한 감사편지가 자신을 살렸다며 마음을 다해 말하는 모습에 감동받아 나도 바로 실천하게 됐다.

사실 감사편지를 쓰는 게 연애편지 쓰는 듯 쑥스럽기도 하고 민망한 마음이 들었지만 한두 번 쓰기 시작하니 즐거운 일이 되었다. 상대방을 생각하며 쓰는 동안 내가 받은 감사를 온 마음으로 다시 느끼게 되어 쓰는 동안 내가 더 행복하기도 했다. 저자가 말한 대로 "대가를 바라지 않는다"는 마음으로 썼는데 손편지를 받은 대부분의 사람들은 기대 이상의 감동을 표현해주었고 오히려 내게 고맙다는 말을 전해주었다. 감사의 효과가 가장 컸던 방법이었다.

성경 구절 중에 내가 가장 좋아하는 말이 있다.

"항상 기뻐하라. 쉬지 않고 기도하라. 범사에 감사하라. 이것이 그리스도 예수 안에서 너희를 향하신 하나님의 뜻이니라"(데살로니가전서 5 : 16~18)

진짜 행복한 사람은 감사할 줄 아는 사람임을 하나님은 아주 오래 전부터 우리에게 가르쳐주고 계셨다. 평범한 내 일상을 감사하자. 가족 안에서의 감사함은 가족을 건강하게 만들어 준다.

.

아빠는 없다?

1. 아빠는 육아의 적

강아지보다 존재감 없는 아빠라니!

엄마가 있어 좋다,

나를 이뻐해 주어서.

냉장고가 있어 좋다,

나에게 먹을 것을 주어서.

강아지가 있어 좋다,

나랑 놀아주어서.

아빠는 왜 있는지 모르겠다.

한동안 인터넷을 뜨겁게 달궜던 초등학교 2학년 아이가 쓴 "아빠는 왜?"라는 글이다. 밤 늦게 퇴근해 새벽같이 출근하고 주말에는 피곤하다고 잠만 아빠. 아이 입장에서는 얼굴 한번 보기도 힘든 아빠가 왜 있는지 모를 법도 하다.

하지만 아빠 입장에서는 억울하다. 회사에서 상사 눈치 보랴, 고객 비위 맞추랴 자존심 내려놓고 식구들 먹여 살린다고 뼛골 쑤시도록 일하는데 너무 한다고 할 수 있다. 하지만 초등학교 2학년 아이가 왜 아빠가 집에 있는지 이해를 못한다면 섭섭해 하기보다는 이유를 생각해봐야 할 것이다.

요즘 아빠 육아가 많이 강조되고 있기는 하지만 아직까지도 육아는 엄마 몫이라고 생각하는 아빠들이 많다. 일단 퇴근하면서부터 아빠들은 소파와 리모컨을 가장 애정하신다. 아, 스마트폰도 빠질 순 없다. TV 채널 바꾸는 엄지 손가락이나 스마트폰 위에서 현란하게 움직이는 집게 손가락 하나 씩을 제외하고는 시체 놀이에 들어간다. 아내가 애 좀 보라고 잔소리하면 아이가 좋아하는 만화영화 하나 틀어주고 다시 시체놀이.

아빠지만 아빠인 듯 아빠 아닌 요즘 아빠들. 결혼하고 애가 생기니 '어쩌다 아빠'가 된 남자들이 많다. 아버지가 되기는 쉽지만 아버지답기는 어렵다는 말이 있다. 가족을 위한다는 명분으로 열심히 일하며 돈을 벌어오지만 정작 그 가족에게는 강아지보다 존재감이 없어진다면 참 서글픈 일이다.

사실 우리나라 남자들이 제일 잘하는 게 일이다. 한국인 근로시간은 독일의 1.6배에 달한다. 평균 근로시간이 2,124시간으로

OECD 회원국 중 2위다. 과히 일 중독이라 할 만 하다.

자기 일에 파묻혀서 아이들과 시간을 보내지 못한 아빠들은 아이가 조금만 크면 단절된 느낌을 받는다. 대화를 나누고 싶지만 이미 서로 어색해진 뒤이다. 어설프게 시도해보는 대화는 그동안 단절된 벽으로 인해 쉽게 갈등 관계로 빠져버리기도 한다. 아이가 어릴 때는 바쁘다는 이유로 거의 아내에게 육아를 떠넘겨 놓다가 중학생이 된 아이의 성적을 확인하고는 공부하라는 이야기만 늘어놓다가 결국 관계가 깨지는 경우를 주위에서 종종 봤다.

평소 대화가 없는 관계에서는 서로의 상태를 모르니 공부 얘기 말고는 화제를 찾기도 힘들다. 오랜만에 만난 사람보다 매일 보는 사람끼리 할 얘기가 더 많듯 부모 자식 간도 마찬가지다. 매일 만나고 부대껴야지 나눌 이야기가 계속 쌓인다. 많은 아빠들이 아이와 대화할 시간을 마련하려고 노력하지 않는다. 아이가 사춘기를 겪으며 삐딱하게 굴기 시작하면 "도대체 뭐가 문제냐?" 며 그제서야 자꾸 물어댄다. 평소 친밀한 대화를 나누던 부모 자식 간에도 사춘기 때는 자기만의 동굴로 숨어든다는데 평소 대화가 없던 사이에 자기 속마음을 털어놓고 고민을 나눌 리 만무하다.

알아서 할 테니 아빠는 신경 끄세요

아빠 : 학교 잘 다니고 있지? 공부는 잘하고?

아들 : 아빠는 무슨 말만 하면 공부, 공부!

아빠 : 이 녀석! 공부는 안하고 맨날 게임이냐?!

아들 : 제가 알아서 할 테니 신경 쓰지 마세요!

아빠 : 임마! 아빠한테 그게 무슨 말투야?

아들 : 에이씨!

아들한테 대화 한번 시도했다가 된통 무안당한 아빠는 홧김에 손을 들어 한 대 때리는 시늉을 했다. 아들은 이에 질세라 머리를 들이대며 당장 경찰에 고발하겠다는 말도 서슴지 않는다. 112 전화번호까지 누르고 있다.

중학생 아들을 둔 직장 선배가 들려준 이야기다. 중학교 2학년인 아들이 아빠가 만약 손찌검이라도 하면 당장 경찰에 고발하겠다고 선수를 치더라며 어이없어 했다. 요즘 아이가 무슨 말만 하면 짜증을 내고 말도 함부로 툭툭 내뱉는다고 했다. 걱정돼서 말을 해도 귀찮다는 투로 건성으로 대답해버리니 아빠는 속이 부글부글 끓어오른다. 그 날도 너무 화가 나서 때리는 시늉만 한 건데 경찰에 신고를 하겠다고 하질 않나 외려 더 으름장을 놓기까지 하니 정말 황당하다며 하소연했다. 평소 그 선배는 직원들과 대화할 때 말도 참 재밌게 하고 동료들을 잘 배려해주는 분이다. 그런데 왜 아이와는 그런 일이 있었던 걸까?

어릴 때 아이들은 대체로 수다쟁이이다. 하지만 조금만 크면 말수가 크게 줄어든다. 평소 부모와 대화를 많이 나누지 않던 아이들은 사춘기를 지나며 아예 입을 다물어 버린다는 이야기를 주위에서 많이 들었다. 한 마디씩 겨우 나누는 대화도 거의 단답형으로 끝나버린다. 가끔 나누는 대화는 곧 갈등으로 번지기도 한다. 아이가 제법 큰 상태에서 서로 감정이 다치면 회복하기도 쉽지 않다. 아빠는 일로 바쁘고, 아이는 학교와 학원에 숙제까지 하느라 더 바쁜 일상의 연속이다.

평소 아이와 이야기를 나누지 않던 아빠가 새삼스럽게 대화를 시도하려들면 대부분 서툴다. 아이도 '오글거리게 갑자기 왜 저래?' 많은 아빠들은 오랜만에 아이에게 하는 이야기는 주로 아이 성적이나 공부 습관, 태도 관련 문제를 지적하고 지시하는 식이다. 아이 입장에선 그런 아빠의 관심이 잔소리로만 생각된다. 갈등의 골은 더 깊어질 뿐이다.

직장에서는 아침에 출근하면 동료들끼리 커피 한 잔을 나누며 이런 저런 얘기를 한다. 상대방의 이야기에 귀 기울이고 공감을 표현한다. 아침에 잠깐 가지는 티타임이 서로간의 의사소통을 원활하게 만들어 준다. 이는 곧 업무 효율성을 높이는 윤활유 역할을 해준다.

하지만 집에서는 어떤가? 혈연이라는 끈으로 이어져 있지만 어쩌면 다른 사람들보다도 소통이 적고 가족과의 대화를 귀찮게 생각하기도 한다. 엄마 아빠는 각자 스마트폰을 뚫어져라 쳐다보고 식사 때조차도 가족 간에 별 대화 없이 TV만 보는 집이 많다.

아이들이 커서 직장을 찾아 떠나고 결혼 후 출가하면 이제는 완전히 뿔뿔이 흩어진다. 가족 만남이라곤 명절이나 제사 때 의무적으로 모여 형식적인 식사를 하는 게 고작이다. 우리 집이 이렇게 되길 바라는 부모는 없을 것이다. 하지만 이렇게 사는 집이 많은 것이 현실이다.

오늘 하루는 아이와 나의 미래 밑그림

많은 사람들이 전통적으로 우리나라 아버지들은 무뚝뚝하고 자식에게 표현을 하지 않았다고 생각한다. 자신들이 그렇게 배우고 컸기 때문에 그게 당연하다 생각한다. 미국 어느 논문에서는 '아빠는 생계부양, 엄마는 자녀양육'이라는 2분법적인 구분은 현대에 와서야 생긴 산업화로 인한 20세기 패러다임이라고 한다. 그렇다면 진짜 우리전통 문화 속의 옛 선조들은 자식의 일에 어떤 태도를 가졌을까?

퇴계이황은 아들과 손자 등 후손들에게 가장 많은 편지를 썼다. 그는 요즘 육아에 적극적인 아빠들을 능가할 정도로 자녀교육에 관심이 많았다. 우리가 알고 있는 학자로서의 그의 모습과는 잘 연결되지 않지만 그는 완전 극성 아빠 수준이다. 『이황, 아들에게 편지를 쓰다』를 보면 퇴계이황이 맏아들을 부르는 호칭은 항상 이렇다.

"준에게"

"나의 아들 준에게"

"준에게 답한다"

"준에게 띄운다"

이황은 아들에게 친구를 사귀는 것부터 하루하루 매 순간 어떤 마음가짐으로 살아야 하는지를 세밀하게 알려주고, 먼저 인생을 살아온 선배로서 자식들에게 조금이라도 더 교훈을 심어주고자 노력했다. 정말 아들을 걱정하는 아버지 이황의 모습을 오롯이 느낄 수 있다.

다산 정약용은 유배지에서 편지를 써서 두 아들의 평소 생활부터 공부 방법까지 지도한 것으로 알려져 있다. 유배생활을 하면서도 수시로 자식에게 편지를 써서, 마치 옆에서 지켜보는 것처럼 그들을 돌보려고 애썼다. 다산은 그야말로 그 시대의 '아들 바보'였다.

아이와 함께 보내는 오늘 하루는 아이와 내가 살아갈 미래의 밑그림이다. 지금 당장 귀찮다고 내던져놓은 아빠의 자리를 나중에 누가 잘 챙겨서 내 손에 쥐어주진 않는다. 꿈꾸는 가족의 미래 모습이 있다면 지금 당장 그 밑그림을 그려야한다.

직장에서 맡은 바 일을 열심히 하고 인정받는 것도 필요하겠지만 회사 자체가 인생의 목적이 되어서는 곤란하다. 회사에 나가서 일을 하는 게 살아가는 이유인 것 같은 사람들이 많다. 내 삶의 중심에는 가족의 자리를 꼭 마련해 두어야 한다. 그냥 되는 건 없다. 노력해야 된다. 아이가 어릴 때는 부모와 함께 교감하는 시간만큼 중요한 건 없다. 아이에게 비싼 장난감을 사주고 용돈을 줬으니 할 만큼 다했다는 생각을 버려야 된다. 그런 장난감같은 소유물은 추억으로 남지 못한다. 아빠와의 추억은 함께 나눈 '시간'이다. 지금 아이와 함께 부대끼는 하루 30분을 귀찮게 생각하지 말자. 훗날 아이가 컸을 때 내 마음 알아주고 나누는 진정한 지기(知己)가 되어 나에게 그 30분을 돌려 주리라 믿는다.

그렇다면 현실적으로 아빠의 존재감 어떻게 돌려줄 수 있을까? 대부분의 엄마들은 남편이 자상한 아빠가 되어 아이들과 함께 해주길 바란다. 하지만 스스로 엄친빠(엄마 친구 아빠)가 되어주는 감사한 남편은 그리 많지 않다. 그런 남편을 만난다는 건 삼대가 덕을 쌓은 것이라는 말이 있을 정도니, 덕을 쌓지 못한 우리 평민 엄마 이야기를 해보자.

아빠 혼자서는 만들기 어려운 내 아이의 아빠의 자리, 바로 엄마의 센스로 만들어 줄 수 있다고 생각한다.

2. 아빠는 육아의 적?

　어느 토요일 아침. 거실은 어젯밤 아이들이 놀면서 난장판을 만들어 놓아 폭탄 맞은 전시 상태를 방불케 한다. 주섬주섬 정리를 했다. 주말에는 늦잠 좀 푹 잤으면 싶지만 7시도 채 안 되서 일어난 아들 녀석 둘은 겨우 정리한 거실을 눈 깜짝할 사이에 쓰나미가 지나간 것처럼 만들어놓는다. 아침 식사를 준비하고 시계를 보니 남편은 아직도 꿈 속 여행 중이시다.

　"자기야, 밥 먹자. 밥 차려놨어~"

　답이 없다.

"밥 먹자고오~~~!!!"

서너 번 더 큰 소리로 부르니 마지못해 대답한다.

"어휴, 주말에는 제발 잠 좀 자자!"

밤새 뭐하다가 오전 10시가 넘도록 잔다고 저러는지. 나는 진작부터 일어나 거실 치우고 애들 책 읽어주고 밥상까지 차려놨는데 10시에 깨운다고 짜증이니 어이가 없었다. 밤에 화장실 간다고 잠깐 깼을 때 남편이 밤잠 안자고 인터넷 하는 걸 봤기 때문에 슬며시 짜증 났다. 결국 난 몇 번 더 큰 소리로 부르고 남편은 볼이 잔뜩 부은 채로 식탁에 앉았다. 서로가 기분 좋을 리 없다. 아이들이 밥을 먹고 둘이 놀이터로 뛰어 나갔다. 아이들이 나가자마자 나는 버럭하고야 말았다.

"아니, 밤새 뭐하다가 주말 아침을 늦잠 잔다고 다 보내버리는 건데! 나는 당신보다 훨씬 일찍 일어나서 청소하고 밥하고 애들하고 놀아준다고 진이 다 빠지는데, 차려놓은 밥 먹으라는 데 왜 짜증이야!"

남편도 질세라 내 말이 끝나자마자 말했다.

"아니, 밥 안 먹어도 된다는데 굳이 주말 아침에 꼭 그렇게 사람을 깨워야 돼?!"

이 쯤 되면 서로가 감정이 상해서 더는 말도 하기 싫어진다. 놀이터서 놀다 들어온 첫째에게 괜히 신경질이다.

"조도균! 숙제는 했어?"

수학 익힘책 몇 장 푸는 숙제가 있었는데 한 문제가 이해가 안된다고 한다. 옆에 앉은 아빠에게 물어본다. 평소에는 아들이 모르는 문제를 물어보면 다양한 예시까지 만들어가며 설명해주곤 하더니 자기도 기분이 나쁜지 목소리가 퉁명하기 그지없다. 쳇! 잔소리 좀 들었다고 저렇게 또 바로 티를 내나 싶다. 하지만 나도 마찬가지였으니 할 말은 없다. 마음을 고쳐먹고 괜히 남편을 추켜세우는 말을 해 본다.

나 : 도균아, 아빠 말씀 잘 들어. 너희 아빠 수학 천재야.
　　　얼마나 수학 잘하는지 몰라.
　　　넌 아빠한테 수학 배우는 걸 행운으로 생각해야 돼.

아들 : 어? 진짜? 아빠!　아빠가 그렇게 수학 잘했어?

남편 : 잘하긴 뭘 잘해?! 그냥 1등 정도 밖에 못했어!

아들과 나 : 헐~~~~~~~~~~~~~~~~ ! ! !(동시에)

그 뒤로는 꽤나 자상스럽게 지도 편달하신다. 남편이 아니라 큰 아들 같다는 생각이 들었던 날이다.

아내가 워킹맘이든 전업맘이든 육아는 아내 몫으로 생각하는 남편이 많다. 공동 양육자라기 보다는 자신은 보조 양육자, 즉 '도와준다'는 생각을 한다. 그러니 항상 본연의 업무가 아닌 일을 해주고 있다고 생각한다. 지금까지 아빠들이 산업화 시대의 전형적인 가정에서 자라서 그렇게 보고 자란 탓이다. 하지만 아빠가 단순히 보조양육자 역할만 하는 건 아이에게 큰 지원군 하나를 잃는 일이다.

한 연구 결과에서 어린 시절 아빠와 많은 시간을 보낸 아이들이 대체로 지능지수가 높고 사회적으로 높은 위치에 있었다고 한다. 그게 '아빠 효과'라는 말로 불리기도 한다. 기본적으로 아빠와 엄마의 능력이 다르다. 엄마들은 공감 능력이 뛰어나지만 공간지각 능력은 좀 떨어진다. 아빠들은 그 반대인 경우가 많다.

엄마는 아이와 책을 같이 읽어준다든가 역할놀이나 소꿉놀이를 해주고, 아빠는 몸으로 놀아주며 신체놀이로 에너지를 방출할 수 있도록 해주는 것이 좋다. 우리 집 두 녀석만 봐도 아빠와의 신체놀이를 통해 에너지를 발산하곤 하는데 스트레스 해소에도 많은 도움이 되는 것 같다. 실제로 이런 몸으로 노는 과정에서 아이는 행동을 조절하는 법과 감정을 통제하는 법을 깨치게 된다고 한다.

대부분의 경우 아빠들이 엄마보다 좀 더 자유롭게 아이를 바라봐준다. 엄마들은 아이에게 지나치게 감정이입이 되곤 하지만 아빠들은 객관적으로 아이를 바라본다. 이런 아빠의 태도가 아이의 주도성을 높여주고 자존감을 올려주는 효과도 있다. 엄마보다 섬세한 감정의 파악까지는 어려울 수 있지만 아이가 크게 보도록 해주는 건 아빠가 훨씬 유리하다.

결국 육아에 미치는 아빠의 긍정적인 영향력이 흔히 생각하는 것보다 크다는 이야기다. 남편이 육아에 참여할 수 있도록 요구하고 요청하자. 전업주부 중에는 남편이 밖에서 얼마나 고될까를 염려하여 양육에 동참하지 않도록 배려하는 아내들이 많다. 하지만 그건 결코 좋은 방법이 아니다. 아빠를 육아에 동참할 수 있도록, 그래서 내 아이들이 아빠와 함께 하는 시간을 가질 수 있도록 하는 엄마들의 지혜가 필요하다. 물론 평일에 잦은 야근이나 주말부부로 지내서 독박 육아를 할 수 밖에 없는 엄마들도 많다.

그럼에도 하루 단 10분이라도 아빠의 자리는 만들어주어야 된다. 주말 밖에 시간이 안 된다면 한 나절이라도 아이와 아빠가 뛰어놀 수 있어야 된다. 남편이 육아에 동참하지 않는다고 화를 내고 짜증을 내서 바뀌는 건 하나도 없다. 결국 남편을 세워주고 인정하며 잠시라도 아이와 함께 할 수 있도록 자리를 마련해주는 것이 현명한 방법일 것이다.

한 사람의 아버지가 백 사람의 선생보다 낫다는 말이 있다.

3. 찌질이 아빠 만들기 대작전

"공부 열나게 하면 뭐해요. 울 아빠도 지 옛날에 공부 잘했다고 엄청 자랑하는데 그래봤자 결혼하면 여자한테 만날 당하고 살 건데, 아빠처럼 공부 잘해서 회사 들어가서 저렇게 살 바에야 차라리 고등학교 졸업하고 그냥 장사 같은 거 할래요."

"엄마가 만날 아빠 잡거든요. 몰라 내 생각에는 일주일에 적어도 한 두 번은 돈 얘기하는 거 같아요. 진짜 존나 빡쳐요. 근데 빙신처럼 당하기만 해요. 뭐, 첨에는 아빠도 자기주장하고 그러지만 결국 엄마한테 안돼요. 그 때 내 학원비 가지고 얘기하면 XX, 정말 열

받거든요. 결국 나 때문에 싸우는구나. 근데 아빠는 그 얘기만 나오면 젤 기죽어요."

너무 쎄다. 하지만 『대한민국 부모』에 나오는 중학생의 실제 대화 내용이다. 일부 불량 청소년의 국한된 이야기가 아니다. 왜 요즘 많은 아이들이 아빠를 '존재감 없는 찌질이'로 생각하는 걸까. 아빠들은 도대체 왜 아이들에게 이런 식을 표현되고 있는 걸까?

산업화 시대를 거치면서 아빠는 한 가정의 경제적 부양자가 되었다. 이젠 지식정보화 시대로 들어선지 오래 됐지만 여전히 아빠는 '돈 벌어오는 지갑'인 집이 많다. 하지만 시대가 변한 만큼 지갑만으로는 부족하다. 아내에겐 양육 보조자, 아이에겐 친구 같은 아빠가 되어주길 요구받는다.

아이가 태어나면 엄마들은 아이가 기어 다니는 갓난쟁이 때부터 아이 교육에 관심이 많다. 각종 전집, 교구, 방문교사 수업까지 신청하며 아이에게 많은 걸 투자한다. 그런 아내가 못마땅한 남편은 말한다.

"적당히 좀 해!"

그럼 아내는 지지 않고 받아친다.

"아니 요즘 영아기 오감발달과 조기교육이 얼마나 중요한지 알아? 애 교육 당신이 책임질 거 아니면 가만히 좀 있어!"

결국 대부분의 아빠들은 아내와의 말싸움에서 바로 기선제압 당한다. 그 뒤로 아빠들은 왠 만하면 아이 일로는 입을 다문다. 그럼 이젠 애들 교육에 무심하다고 또 구박받는다. 그야말로 아빠 역할의 딜레마. 과거 가부장적인 아버지상은 경제적 부양자만으로도 꽤 권위가 있었다. 예전에 우리 시어머니는 잔소리를 하실 때 잠시 뒤 아버지가 딱 두 마디 하셨다고 했다.

"됐다. 고마 해라"

그럼 두 말 않고 침묵. 하지만 지금은 어떤가? 남편과 육아 문제, 가사 분담 등으로 말다툼을 하다가 더 이상 잔소리 듣기 싫은 남편이 "좀 그만해!"라고 말하면 아내는 더 큰소리로 말한다.

"당신이나 그만해!"

시대가 바뀌고 맞벌이 가정이 늘어났지만 주 양육자는 엄마인 집이 대부분이다. 게다가 전업맘은 하루 종일 아이에게 시달려서 신경이 아주 예민해져 있다. 늦게 퇴근한 신랑의 일거수일투족이 다 마음에 안 든다. 퇴근한 남편에게 왔냐는 인사도 하는 둥 마는 둥 시큰둥하다. '나 지금 저혈압이야. 건들지 마' 딱 이 상태. 늦게 퇴근한 대가로 아내의 눈치를 보며 아이들에게 말도 걸어보고 장난도 걸어본다. 그럼 도끼눈이 된 아내가 남편이 이야기 하는 사이에 계속 참견한다. 그거 아니란다. 자꾸 틀렸다고 무시까지 한다.

사실 아빠들은 아무래도 엄마보단 세련되지 못하고 서툰 면이 많다. 아니 당체 이해가 안 될 때도 많다. 우리 집은 모처럼 일찍 퇴근한 남편이 아이들과 놀아 줄 때는 얼마 못가서 눈물바다를 이룬다. 아이들과 놀 때는 적당히 져주면서 애들 기분도 맞춰주면 오죽 좋으랴. 철이 없으신 건지 해맑으신 건지 남편은 아들하고 놀다가 자기가 더 승부욕에 불타곤 한다. 결국 애들을 다 이겨먹고 으하하 박장대소하며 뿌듯해한다. 아이들은 억울해서 발을 동동거리다 결국 삐지거나 울음을 터트리는 걸로 상황이 마무리되는 경우가 흔하다. 정말 보고 있는 내 입장에선 속이 터질 때도 있다.

기본적으로 육아에 있어 아빠와 엄마의 특기 종목이 다르다 했다. 엄마보다 섬세한 감정의 파악까지는 어려울 수 있지만 아이들이 땀에 흠뻑 젖어 카타르시스를 느끼며 혼을 빼고 노는 데는 아빠만큼 해내기도 힘들다. 수위 조절만 잘 하면 금상첨화지만 그런 집은 잘 없다.

엄마들이 보기엔 남편이 육아에 영 서툴러 보일 때도 많다. 그렇다고 엄마가 중간에서 자꾸 말을 자르고 간섭하고 통제하면 그 집에서의 아빠 역할은 딱 거기까지다. 물론 아빠들보다 공감 능력이 뛰어난 엄마는 아이들의 세밀한 감정까지 알고 아이의 요구에 민감하게 잘 대처한다. 아빠의 아이 다루는 모습이 불안하고 맘에 안 드는 게 당연하다.

하지만 그 어설퍼 보이는 시간조차도 아빠와 함께 한 시간은 아이 가슴에 아빠와의 추억으로 기억된다. 엄마가 아이와 아빠와의 사이에서 어떤 가교 역할을 하느냐에 따라서 가정에서의 아빠 역할이 결정된다. 탈무드에서는 엄마를 '집안의 영혼'이라고 표현하면서 곳곳에서 여인의 현명함과 소중함을 강조하고 있는데 이는 남편과 아이의 중간자로서의 역할도 함께 이야기하는 것이다.

엄마가 아빠를 세워주고 존중해줄 때 가정에서 아빠의 권위가 바로 선다. 아이들에게는 아빠의 권위로 지켜야 할 경계를 가르쳐 줄 수 있게 된다. 즉, 남편을 아이들의 '인생 멘토'로 만들어 주느냐 혹은 '찌질한 아빠', '무심한 아빠'로 남게 하느냐 하는 문제는 엄마라는 중간 존재의 역할이 크다. 엄마가 적극적으로 아빠의 자리를 만들어 줄 필요가 있다.

부모가 변하면 아이는 금방 느낀다. 남편을 내가 왕으로 대접해 주는 만큼 왕처럼 귀해지고 내가 머슴으로 부리면 아이들도 아빠를 머슴으로 취급한다. 주인집에 머슴이 들어올 자리는 없다. 아이들이 클수록 아빠 자리는 영영 없어진다. 남편이 다소 맘에 안 드는 일이 있더라도 눈 딱 감고 아이의 아버지로서의 권위를 세워주자. 내가 왕비가 되기 위해서라도.

4. 슈퍼맘을 꿈꾸는 그대

회사를 너무 사랑하는 남편

남편은 평소 거의 매일 야근을 한다. 그런데 올해부터 '수요일은 가정의 날'이라고 회사에서 방침을 정해서 사무실 전체 강제 소등을 한다.

일주일 중 하루는 공식적으로 '칼퇴'의 날을 만들어 가족들과 함께하는 건강한 가족문화를 만들고 일과 가정의 양립을 도모하자는 목적이다. 대환영이다. 사람들이 얼마나 야근을 많이, 습관적으로 하면 이렇게 강제적으로 야근 못하는 날을 만드나 한편 씁쓸하기도 하다.

남편은 거의 매일 야근 후 항상 9~10시쯤 돼서야 퇴근하고 주말에도 이틀 중 하루는 출근을 하는 경우가 많다. 그러니 무조건 수요일은 꼭 일찍 퇴근해서 가족들과 함께 보내자고 약속을 했다.

그런데 문제는 이 '가정의 날'인 수요일에 남편이 술 약속을 종종 잡는 것에서 시작됐다. 매일 야근하면서 겨우 하루 빠꼼한 수요일에 과 회식도 아니고, 개인적인 술자리를 만들다니! 나도 일을 하는 직장인이고 회식을 무조건 이해 못하는 건 아니지만 그 날은 화가 났다. 아이들이 기다리니 어쩔 수 없는 자리라면 밥만 먹고 오라고 부탁했다.

내가 퇴근해서 집에 오면 아들 둘은 나에게 달려들어 부둥켜 안고 서로 엄마에게 더 말하고 싶어서 난리다. 요구사항도 다 다르다. 한 명 한 명 각자의 대화에 동참하고 반응해주다 보면 육체적으로 버거울 때가 많다. 애들이 좀 커서 이젠 할 만하다 싶다가도 낮에 근무하고 퇴근해서도 9~10시까지 혼자 애들을 보고 있으면 스멀스멀 짜증이 올라온다.

물론 남편은 늦게 퇴근해서는 미안해하면서 그날 먹고 쌓인 설거지를 해주기도 하고 음식물 쓰레기를 가져다 버리는 등의 가사 일을 도와준다. 그런데 그 정도면 이제 자기 할 일을 다 했다고 생각한다. 남편이 항상 입버릇처럼 하는 말이 "와~ 대한민국에서 나만큼 가사노동 많이 하는 남자가 있을까?"이다. 그리곤 친구들을 만나면 자기 손바닥에 주부습진이 생긴 걸 자랑삼아 얘기하곤 한다. 그럼 주위에선 가정적인 남편을 추켜 세워주고 남편은 주위의 그런 반응을 뿌듯해한다.

　사실 내가 가사 일까지 혼자 다 해버리면 완전 에너지가 방전 되서 애착 육아, 배려 육아는 꿈도 못 꿀 거다. 나는 밖에서 일하는 워킹맘이 일을 함으로 경제적인 여유를 가지게 된다면 일주일에 한번 정도는 가사도우미의 도움을 받는 것도 권하고 싶다. 그렇게라도 엄마의 에너지를 아껴야 아이들이게 나눠줄 수 있기 때문이다. 하지만 아쉽게도 아직 우리 집은 가사도우미를 부를 만큼 경제적으로 여유롭지는 않아 생각만 하고 있을 뿐 활용해보지는 못했다. 그런 면에서 남편이 가사 일을 함께 해주는 걸 항상 고맙게 생각한다. 제발 그 주부 습진 레파토리만 이제 그만해줬으면 한다.

　남편 부서 특성상 야근이 불가피한 곳이라 평일엔 퇴근이 늦어도 별 말을 안했다. 애들 자기 전에만 와서 10분이라도 아이들과 부대끼며 놀아주고 가사 일 좀 같이 해주면 만족하려고 했다. 그런데 수요일은 다르다. 나도 하루 정도는 숨통이 트여야 하고 아이들도 수요일은 아빠가 일찍 오는 날로 알고 있어서 기대를 많이 한다. 그날은 나부터 육아에 대한 부담감이 덜해져서 평소보다 기분도 좋고 가족들 전체가 더 화기애애하다.

남편을 구속한다고 혼나던 날

그런 수요일에 반복되는 개인적인 술 약속. 8시가 좀 넘어서 신랑한테 전화했다. 언제 마치냐고 물으니 이제 식사한다고 했다. 그럼 식사 마치는 대로 일찍 좀 오라고 요청하고 끊으려는 순간 술자리에 함께 있던 남편 선배라는 분이 불쑥 휴대폰을 뺏었다.

"제수씨 남자들끼리 만나서 술 한 잔 하는데 좀 내버려 두이소!"

헉, 뭐지? 나와 전혀 친분이 없는 사람이 남편 선배라는 이유로 부부가 통화하는데 폰을 뺏어서 대화에 끼어들어 사실 놀랐다. 게다가 편한 안부 인사도 아니고 나를 혼내는듯한 무례한 태도에 당황스러웠다. 술을 반병 마셨다는데 이미 발음이 세는 게 좀 취한 것 같았다. 아니 취했다고 믿고 싶다. 끊으려고 하는데도 계속 이야기 좀 들어보라고 했다. 결국 모르는 분과 대화를 나누게 됐다.

이런 저런 말들이 오갔다. 요지는 본인 와이프도 같이 맞벌이 하지만 남편이 늦게 들어와도 아무런 간섭을 안 한다고 했다. 일이 많고 스트레스가 많으니 이해하라는 얘기였다. 난 남편이 술 드시는데 감히 일찍 오라고 잔소리하는 별난 마누라가 된 셈이었다. (하지만 나중에 알고 보니 그 집은 친정 어머니가 육아를 거의 도와주고 계셨다.)계속 이해하라는 그 분의 말에 대답했다.

"말씀하신 육아방식과 저희 육아방식은 달라요. 저는 육아는 부부가 서로 도와가면서 하는 거지, 일방적으로 한 사람한테 희생을 강요하는 건 아니라고 생각해요. 그게 아이들한테도 좋은 영향을 주지는 않을 것 같네요"

씁쓸한 인사를 끝으로 전화통화는 마무리가 됐다. 그래도 남편 선배라는데 그렇게까지 정색해서 말하진 말걸 싶기도 했다. 술 마시며 가볍게 한 이야기인데 그냥 웃고 넘길 걸 하고 후회도 됐다. 그 날 늦은 밤까지 난 이런 저런 생각으로 나는 잠을 못 이뤘다.

머리로는 당연히 육아는 부부가 같이 하는 거라고 생각하고 있었다. 하지만 현실적으로 남편이 일찍 퇴근하는 게 어려우니 그냥 포기하고 퇴근 후 아이들을 혼자서 챙기곤 했다. '아유, 매번 도와 달라기 입 아파. 그냥 혼자하자' 했지만 마음속에선 서서히 불만이 쌓이고 있었다. 늦게까지 일하고 온 남편에게 살갑지 못할 때가 많았다. 그래서 그토록 수요일에 예민했었나보다. 난 왜 좀 더 적극적으로 남편에게 도움을 호소하고 평일에도 육아에 동참해줄 것을 요청하지 않았을까? 물론 짜증과 잔소리에 가까운 호소는 몇 번 했었다. 하지만 통하지 않았다. 그래서 포기했나보다.

내가 행복하지 않으면 힘들다

부부치료 전문가로 유명한 최성애 박사는 사실 아무리 맞벌이 부부라도 해도, 심지어 아내가 남편보다 더 수입이 많은 가정에서 조차 가사 70~80%는 여전히 아내의 몫인 경우가 많다고 말한다. 심지어 우리나라보다 여성의 참여 역사가 긴 구미나 심지어 공산주의 국가에서도 가사 분담 50%는 신화에 불과하다고 말한다. 그리고 그는 남편에게 '비난'이 아닌 '요청'을 하라고 조언했다.

육아든 가사든 반으로 나눠서 똑같이 해야 된다는 강박은 오히려 여자를 힘들게 한다. 가사 분담 50%는 현실에 없다는 생각을 가지고 있는 게 좋다. 더 도와주면 감사한 거고 아니더라도 덜 실망하게 된다. 하지만 내가 감당하기 어려운 상태까지 나를 혹사시켜서는 곤란하다. 엄마인 내가 행복하지 않은데 아이들을 행복하게 양육하기는 어렵다. 많은 고민을 하고 남편과 진지한 대화를 나눴다.

신화에 불과한 가사 분담 반반이라는 생각을 버리고 할 수 있는 선에서 남편의 도움을 요청했다. 내 부족함을 인정하고 당신 도움이 절실하다고 아빠의 자리를 부탁했다. 정말 진심으로 이야기했다. 말을 하면서 나도 모르게 그동안 쌓였던 마음이 녹아나오며 눈물이 났다.

남편에게 '비난'이 아닌 '요청'을 한 그 날 저녁부터 남편은 많이 바뀌었다. 퇴근 후엔 먼저 집에 와서 식구들과 식사를 함께 하고 아이들을 같이 보살펴 줬다. 사무실 잔무가 남았을 땐 급히 설거지를 도와주고 다시 일을 마무리하러 갔다. 어차피 야근 하는 날도 직원들과 밖에서 저녁을 먹고 다시 사무실에 들어간다. 다행히 남편 회사와 집의 거리가 멀지 않은 편이라 조금 서둘러 가족과 저녁을 함께 먹고 사무실로 다시 가는 것이 가능했다. 물론 평소보다 퇴근 시간은 더 늦어졌지만 아이들은 아빠와 저녁 식사를 함께 할 수 있었다. 하루 동안 있었던 일도 쫑알거리고 신나 했다. 아이에게 필요한 아빠의 자리가 채워진 셈이다. 퇴근해서 녀석들이 둘 다 자지 않을 땐 아이들을 한 명씩 맡아서 동화책을 읽어주곤 했다.

그 날 이후 특별한 경우를 제외하곤 항상 가족들과 저녁을 함께 하려고 노력해 주는 남편이 참 고맙다. 난 남편 덕분에 육아의 새로운 에너지를 얻었다. 비난이나 잔소리가 아닌 진심을 다한 요청이 필요했던 거였다.

혼자 다 감내하려 하지 말자. 우린 슈퍼맘이 될 필요가 없다.

자기도 다 아는 얘기야

남편에게 요청을 할 때는 결코 명령식이나 잔소리를 하면 안된다. 김창옥 교수가 어느 도서관에서 강의하는 동영상을 본 적이 있다. 강의에서 한 부부의 일화를 소개해주었다. 자신의 강의를 먼저 들은 한 엄마가 너무 좋아서 강의를 남편에게 소개했다고 한다.

"여보 이거 꼭 들어봐. 자기가 진짜 듣고 바뀌어야 돼"

"야, 그 강사가 자기는 그렇게 말한대로 살고 있는 줄 알아? 그거 다 개뻥이야. 그리고 나는 원래 잘하고 있는데, 뭘 더 바꾸란 거야. 대한민국에서 나 만큼 잘하는 사람이 어디 있냐?!"

헉! 어쩜 우리 남편이 항상 하던 말이랑 같은지. 대한민국 남자들 저런 얼토당토 안한 멘트는 어디서 단체교육이라도 받는 건가 싶었다. 김창옥 교수가 덧붙이길, 아내가 자신에게 울림을 준 감동적인 책이나 강의를 남편에게 소개해줬을 때 "우와! 세상에 그렇게 좋은 강의가 있단 말이야? 그래 내가 당장 듣고 바뀌어 주겠어!"라고 말하는 사람은 단 하나도 없다는 거다. 그는 남편에게 말하는 팁을 하나 알려 주었다.

"자기야. 내가 되게 웃긴 강의를 하나 들었는데, 자기도 다 아는 내용이야. 근데 되게 웃기네. 당신 다 아는 건데 엄청 웃겨. 재미삼아 한번 봐봐. 자기 다 아는 거야"

이렇게 해서 남편이 스스로 강의를 듣거나 책을 읽게 해서 느끼고 감동을 받으면, 더 잘 변하는 게 또 남자들이라는 이야기였다. 뭘 시킨다는 건 명령이다. 가부장적인 아버지 밑에서 자라 권위적인 성향이 강한 우리나라 남편들은 직장 상사 말고 누가 뭘 시킨다는 데 알레르기 반응이 있다. 육아는 당신의 의무가 아니라 당신의 권리임을 알게 해주자.

엄마들은 남편이 뭘 해도 마음에 들지 않는 경우가 많다. 하지만 나 자신부터 한번 되돌아보자. 나는 엄마노릇 처음부터 잘했을까? 아니, 지금은 잘한다고 확신할 수 있나? 나는 지금도 끊임없이 배워가며 아이와 함께 같이 크고 있다고 생각한다. 남편도 믿고 기다려주자.

그리고 무조건 칭찬하자. 아이에겐 독이 되는 칭찬이 있지만 우리나라 남편들 어렸을 때 칭찬 제대로 못 받고 자란 짠한 내면 아이가 한 명씩 속에 앉아 있다. 짠하다. 남편에게는 그냥 무조건 칭찬하고 인정해주자.

고맙다고 표현하기

어느 한 설문조사에서 남자와 여자가 이성에게 가장 듣고 싶어 하는 말을 물었다. 여자는 남자로부터 "사랑해"라는 말을 가장 듣고 싶어 했다. 그럼 남자는 무슨 말을 가장 듣고 싶다고 했을까? 남자가 가장 듣고 싶은 말은 바로 '인정의 말'이라고 한다.

"고마워"

"고생했지?"

"당신이 내 남편이라서 너무 좋다"

나는 요즘 이런 말을 많이 하려고 노력중이다.

"자기야 고마워"

"오빠 고마워"

"당신이 도와주니깐 살 거 같다"

전형적인 경상도 남자인 우리 남편은 나의 이런 칭찬에 못 들은 척 아무 대꾸를 하지 않는다. 다만 가사 일을 조금 더 열심히 도와준다. 내가 인정해주니 남들에게 생색도 덜 내고 그냥 열심히 함께 해준다. 이솝우화에 북풍과 태양에 대한 이야기가 있다. 결국 나그네의 옷을 벗기는 건 북풍의 거센 바람이 아니라 태양의 따뜻함이지 않은가.

사회적 양육을 적극 활용하자

이처럼 엄마 혼자 독박 육아하는 것보다 잠깐이라도 아빠의 자리를 마련해주고 함께 하는 것이 중요하다. 육아는 엄마 아빠의 성공적인 협업이 이뤄질 때 가장 빛을 발한다. 하지만 현실적으로 주말 부부이거나 한 부모 가정, 조손 가정 등 엄마의 노력만으로 상황을 바꿀 수 없는 경우도 많다. 그렇다면 꼭 아빠가 아니더라도 엄마에게 집중된 육아와 가사노동의 부담을 줄여 줄 방법을 찾아야 한다. 그래야 엄마가 행복해질 수 있다.

친정 부모님, 시부모님, 근처 사는 언니나 동생, 친인척, 동네 친분 있는 지인 등 그 대상은 폭넓게 생각할 수 있다. 그것조차 불가능하다면 내가 살고 있는 이 사회를 한번 활용해보는 건 어떨까? 아직 출산과 양육을 지원하는 사회적 시스템이 부족한 실정이나 예전보다는 정말 많이 좋아진 상황이고 계속 추가 보완되고 있다.

건강가정지원센터에서는 부모교육, 가족상담, 아이 돌봄 서비스 등 다양한 가족지원 사업이 제공된다. 특히 아이돌보미 지원 사업을 통해 맞벌이 가정, 저소득층, 다자녀, 장애아 가정 등에게 저렴한 비용으로 도우미 서비스를 이용할 수 있게 돕고 있다. 2017년 1월 현재 전국에 161개의 건강가정지원센터가 운영 중이며, 지역별 센터는 건강가정지원센터 홈페이지(www.familynet.or.kr)에서 확인할 수 있다.

좀 더 구체적인 내용은 보건복지부에서 '2017 나에게 힘이 되는 복지서비스'를 제공받아 내용 일부를 부록으로 첨부하였다. 현재 2017년 자료가 계속 업데이트 중인 관계로 최종 내용과 차이가 있을 수 있으므로 기재된 홈페이지와 관련부서로 확인하여 참고하면 도움이 되리라 생각한다.

　오늘도 '엄마'라는 두 글자를 입고 고군분투하는 당신의 시간을 뜨겁게 응원한다.

" 나를 키워준 너에게 "

나의 처음 아이 도균아.

엄마는 너를 낳고
처음 '엄마'라는 이름을 얻었구나.

아이만 낳으면
그냥 엄마가 되는 줄 알던
참 서툰 엄마였는데도

너는 엄마보다
크고 따뜻한 마음으로
늘 엄마를 이해해주고
사랑한다고 말해주었어.

참 따뜻한 아이 도균아
네가 엄마에게 와준 것만으로
엄마에게는 가장 귀한 선물이야

네가 무언가를 잘하든 못하든
상관없이 네 모습 그대로
엄마는 너를 사랑해.

사랑하는 도균아
조금씩 더 커가다 보면
지치고 힘든 때도 있을거야.

그 때 분명히 기억하렴.
너는 이미 너 자체로
귀하고 가장 소중한 존재란다

어떤 순간에도
너를 믿고 너를 지지한다.

사랑해. 도균아.

아이돌봄서비스

1. 지원대상

부모 모두 일을 하는 맞벌이 가정으로 어른 없이 아동이 혼자 있는 등 돌봄이 필요한 만 3개월~만 12세 이하의 아동이 있는 가정

2. 지원내용

아이돌보미가 가정으로 찾아가 돌봄이 필요한 아동에게 돌봄서비스를 제공하며, 가정의 소득에 따라 비용을 차등 지원합니다. . 종일제 돌봄 : 만 3개월~24개월 이하 아동을 대상으로 이유식 먹이기, 젖병 소독, 기저귀 갈기, 목욕 등 영아 돌봄서비스 제공 . 시간제 돌봄 : 만 12세 이하 아동에게 임시보육, 놀이 활동, 보육시설 및 학교 등 · 하원(교) 지원 등 돌봄 서비스 제공

| 유형 | 소득기준 | 시간제 (시간당 6,500원) | | | | 영아종일제 (월 130만원) 0~1세 | |
| | | A형* | | B형** | | | |
		정부 지원	본인부담	정부 지원	본인 부담	정부 지원	본인 부담
가형	기준 중위소득 60%이하 (4인기준 264만원)	4,875원	1,625원	4,225원	2,275원	91만원	39만원
나형	기준 중위소득 60%~ 85%이하 (4인기준 374만원)	2,925원	3,575원	–	6,500원	65만원	65만원
다형	기준 중위소득 85%~120%이하 (4인기준 527만원)	1,625원	4,875원	–	6,500원	39만원	91만원
라형	기준 중위소득 120% 초과	–	6,500원	–	6,500원	–	130만원

* A형 2009년 1월 1일 이후 출생 아동
** B형 2008년 12월 31일 이전 출생 아동

3. 신청방법 및 문의

. 정부 지원 가정 : 주민센터(보건복지콜센터 ☎129),
  복지로 홈페이지(www.bokjiro.go.kr) 신청
. 정부 미지원 가정(본인부담) : 아이돌봄 홈페이지(idolbom.go.kr)
  회원가입 후 신청(대표번호 ☎1577-2514)

자주 하는 질문

Q : 어린이집(유치원)을 이용하거나 가정양육수당을 지원받는 아이도 아이돌봄 서비스
를 이용할 수 있나요?

A : 시간제 돌봄서비스는 가정양육수당을 지원받는 아동도 지원받을 수 있지만, 보육
료 또는 유아학비를 지원받는 아동은 어린이집(유치원) 이용시간에는 지원받을 수 없
습니다.

A : 종일제 돌봄서비스는 보육료, 유아학비, 가정양육수당, 시간제 돌봄 서비스와 중복
해서 지원 받을 수 없습니다.

부록

<u>시간연장형 보육료 지원(어린이집 이용 아동)</u>

1. 지원대상

보육료를 지원받는 만 0~5세 아동

2. 지원내용

어린이집을 이용하는 아동 중 종일제 보육시간(07:30~19:30)을 경과*하여
보육이 필요한 경우 시간연장 보육서비스를 이용하고 연장된 시간만큼
보육료를 지급합니다.

*시간연장보육(19:30~24:00, 유아학비 대상아동도 지원가능),
 야간보육 (19:30~익일 07:30), 24시간보육(07:30~익일 07:30), 휴일보육(공휴일)

3. 신청방법 및 문의

주민센터, 복지로 홈페이지(bokjiro.go.kr) 신청(보건복지콜센터 ☎129)

<u>시간제 보육료 지원</u>

1. 지원대상

가정양육수당을 지원받는 6개월~36개월 아동

2. 지원내용

종일제 보육을 이용하지 않는 분들도 지정된 제공기관(어린이집,
육아종합지원센터 등)에서 시간제로 보육서비스를 이용하실 수 있습니다.(시간당 보
육료 : 기본형 2,000원, 맞벌이형 : 1,000원)

3. 신청방법 및 문의

임신육아종합포털 아이사랑 홈페이지(www.childcare.go.kr), 시간제보육콜센터(☎1661-
9361)에 신청·문의

육아종합지원센터

1. 지원대상

취학 전 모든 아동 및 부모

2. 지원내용

육아종합지원센터 내 도서 · 장난감 등의 대여, 체험 및 놀이공간 이용, 부모에 대한 육아상담(아이사랑 플래너) 및 교육(키움뜰 부모교육), 양육관련 프로그램 제공, 부모간 육아정보 교류 등을 지원합니다.

3. 신청방법 및 문의

육아종합지원센터(☎1577-0756)

공동육아나눔터 운영

1. 지원대상

▶ 18세 미만의 자녀가 있는 가정((조)부모 및 자녀)

2. 지원내용

▶ 자녀들의 안전한 돌봄활동을 위한 장소(공동육아나눔터) 제공
▶ (조)부모 및 양육자 · 자녀에게 육아정보 제공 및 정보나눔 기회 제공
▶ 장남감 및 도서 대여
▶ 상시 프로그램(동화구연 등) 운영 및 지원
▶ 가족품앗이 유형별 그룹활동 운영 지원(전체 모임 및 소모임 등)
  * 등하교동행품앗이, 체험활동품앗이, 놀이품앗이, 학습품앗이, 예체능취미활동품앗이 등
▶ 품앗이 리더 양성교육 지원 등

3. 지원(신청)절차

▶ 인근 시·군·구 건강가정지원센터에 방문하여 가입신청
   *필요서류 : 공동육아나눔터 가입신청서(개인정보제공동의서 포함)

4. 문의처

▶ 건강가정지원센터 홈페이지(www.familynet.or.kr)
▶ 건강가정지원센터 대표번호(1577-9337), 지역 소재 건강가정지원센터

알려드립니다

▶ **공동육아나눔터 사업은?**
여성가족부가 2011년부터 핵가족화로 인해 약해진 가족돌봄기능을 보완하고, 이웃 간 돌봄 품앗이 연계를 통해 지역중심의 양육친화적 사회환경을 조성하기 위해 지원하는 사업입니다.

▶ **공동육아나눔터는?**
자녀를 양육하는 부모들이 함께 모여 육아경험과 정보를 공유하고 소통하는 공간이자, 자녀들이 또래와 함께 장난감과 도서 및 프로그램 등을 마음껏 이용하고 체험할 수 있는 안전한 자녀돌봄 놀이공간입니다.

▶ **가족품앗이 활동은?**
같은 지역, 이웃에 사는 사람들끼리 자신이 가진 노동력, 물품 등을 교환하는 전통적 공동체 정신을 계승하여 이웃 간 육아정보를 나누고, 서로의 장점(재능기부 등)을 살려, 학습·체험·등하교 활동 등을 함께 함으로써 자녀양육 부담을 덜고 자녀의 오감 및 사회성 발달을 돕는 그룹활동을 말합니다.

초등돌봄교실

1. 지원대상

▶ 오후돌봄 (방과후 ~ 17:00)
 – 맞벌이, 저소득층, 한부모가족 등 돌봄이 필요한 가정의 1~2학년 학생
 – 3학년 이상은 전년도에 오후돌봄에 참여한 학생들 중 학교 여건에 따라 수용
  *3~6학년의 경우, '방과후학교 연계형 돌봄교실'에서 돌봄 수요 충족

▶ 저녁돌봄 (17:00 ~ 22:00)
 – 오후돌봄에 참여한 학생 중 추가 돌봄이 필요한 학생
 – 3학년 이상은 전년도에 오후돌봄에 참여한 학생들 중 학교 여건에 따라 수용

2. 지원내용

▶ 오후돌봄 : 저학년 특성에 맞는 다양한 놀이프로그램 및 예체능 활동, 숙제 · 독서 · 휴식 등 개인활동 및 간식 지원서비스를 제공합니다.
  * 방과후 연계형 돌봄교실 : 방과 후 학교 프로그램 참여, 휴식, 숙제, 독서 등 개인활동

▶ 저녁돌봄 : 독서 · 휴식 등 개인활동 및 급식 지원서비스를 제공합니다.
  *급 · 간식비는 학부모 부담(단, 교육비지원 대상학생은 무료)

3. 지원(신청)절차

▶ 초등학교 가정통신문 이용 또는 나이스 대국민서비스(http://www.neis.go.kr) 신청

4. 문의처

▶ 재학 중이거나 입학예정인 초등학교

청소년 특별지원

1. 지원대상

▶ 다른 제도에 의해 지원받지 못하는 만 9세 이상~만 18세 이하 위기 청소년
- 보호자가 없거나 실질적으로 보호자의 보호를 받지 못하는 청소년
- 「학교 밖 청소년 지원에 관한 법률」제2조에 따른 학교 밖 청소년
- 비행 · 일탈 예방을 위하여 지원이 필요한 청소년

▶ 대상자 가구 소득이 중위소득 72% 이하(4인기준 321만원)
  * 단, 생활 · 건강지원은 중위소득 60% 이하(4인기준 268만원)

2. 지원내용

지원종류	지원 내용	지원 금액
생활지원	의 · 식 · 주 등 기초생계비와 숙식 제공 등의 서비스 지원	월 50만원 이내
건강지원	신체 · 정신적으로 건강하게 성장할 수 있도록 요양급여 비용 및 서비스 지원	연 200만원 내외 (220만원 한도)
학업지원	학업을 지속하기 위하여 필요한 교육비용, 건전 육성을 위한 서비스 지원	월 15만원(수업료) 월 30만원 이내(검정고시)
자립지원	지식, 기술, 기능 및 능력 함양 등 자립함에 필요한 비용 및 서비스 지원	월 36만원 이내
상담지원	심리 · 사회적 측면의 상담에 필요한 비용 및 서비스 지원	월 20만원 이내 심리검사비(연 25만원) 별도
법률지원	폭력, 학대 피해 청소년 대상 소송비 및 법률서비스 지원	연 350만원 이내
청소년 활동지원	운영위원회가 필요하다고 인정하는 활동비용	월 10만원 이내
그 밖의 지원	운영위원회가 예산의 범위 안에서 필요 하다고 인정한 지원	

3. 지원(신청)절차

▶ 청소년 본인 또는 그 보호자, 청소년상담사 · 지도자, 교육 공무원, 사회복지사, 청소
년 업무를 담당하는 공무원 등이 주민등록 관할 읍 · 면 · 동 주민센터에 신청

4. 문의처

▶ 주민등록 관할 읍 · 면 · 동 주민센터
▶ 청소년상담전화(☎1388)

저소득층 기저귀 · 조제분유 지원

1. 지원대상

소득인정액이 기준 중위소득 40%(4인기준 175만 6,574원) 이하 만 1세 미만의 저소득
층 영아를 둔 가구

＊조제분유 : 기저귀 지원대상 중 산모가 질병 또는 사망으로 모유수유가 불가능한 경
우

2. 지원내용

기저귀 및 조제분유 구매비용을 정액 지원합니다.

＊16년 지원단가 : 기저귀(월 6만 4천원), 조제분유(월 8만 6천원)

3. 신청방법 및 문의

보건소 신청(보건복지콜센터 ☎129)

만 12세 이하 국가예방접종 지원사업

1. 지원대상

만12세 이하 모든 영유아 및 어린이

2. 지원내용

거주지역에 관계없이 아래 15종의 국가예방접종 비용 전액을 지원합니다.

항목	국가예방접종 목록
1	BCG(피내용)
2	B형간염
3	DTaP(디프테리아/파상풍/백일해)
4	IPV(폴리오)
5	DTaP-IPV(디프테리아/파상풍/백일해/폴리오)
6	MMR(홍역/유행성이하선염/풍진)
7	수두
8	일본뇌염(생백신)
9	일본뇌염(사백신)
10	Td(파상풍/디프테리아)
11	Tdap(파상풍/디프테리아/백일해)
12	Hib(b형 헤모필루스 인플루엔자)
13	PCV(폐렴구균)
14	A형간염
15	자궁경부암('16년 상반기)

3. 신청방법 및 문의

전국 보건소 및 7천여 지정 의료기관 방문(보건복지콜센터 ☎129)

▶ 예방접종 위탁의료기관 확인 : 예방접종 도우미(http://nip.cdc.go.kr)

▶ 기타 문의사항 질병관리본부 예방접종관리과 : ☎043-719-6848~6852

산모 · 신생아 건강관리 지원사업

1. 지원대상

▶ 산모 및 배우자의 건강보험료 본인부담금 합산액이 기준중위소득 80%이하금액(4인 기준 직장 108,551원, 지역 119,434원)에 해당하는 출산가정

＊임신 만 4개월경과 후 발생한 유산 · 사산의 경우도 포함

2. 지원내용

▶ 산모 · 신생아 건강관리사가 일정 기간 출산가정을 방문하여 산후관리를 도와주는 이용권(바우처)를 지원해 드립니다.

　- 단태아 10일, 쌍태아 15일, 삼태아 이상 또는 중증장애산모 20일

＊바우처 유효기간: 출산일로부터 60일 이내

3. 지원(신청)절차

▶ 시 · 군 · 구 보건소 또는 복지로(www.bokjiro.go.kr)

　- 출산예정일 40일 전부터 출산일로부터 30일까지 신청

＊임신 만 4개월경과 유산 · 사산의 경우 확인일로부터 30일 이내 신청(의사소견서 · 확인서 첨부)

＊미숙아 · 선천성 이상아 출산 등으로 입원한 경우 아기의 퇴원일로부터 30일 이내 신청(출산 후 입원확인서 첨부)

4. 문의처

▶ 보건복지콜센터 (국번없이) ☎129

영유아 건강검진

1. 지원대상

▶ 만 6세 미만 영유아

구분	(1차) 4~6 개월	(2차) 9~12 개월	(3차) 18~24 개월	(4차) 30~36 개월	(5차) 42~48 개월	(6차) 54~60 개월	(7차) 66~71 개월
건강 검진	○	○	○	○	○	○	○
구강 검진	–	–	○	–	○	○	–

2. 지원내용

▶ 건강검진(7회), 구강검진(3회) 비용 전액을 지급합니다.

　※ 저소득층(건보료 하위 30%)에게는 영유아검진결과 발달장애가 의심되는 경우, 발달장애 정밀검사비를 지원합니다.

▶ 주요 선별 목표질환

　– 성장 · 발달 이상, 비만, 안전사고, 영아돌연사증후군, 청각 · 시각 이상, 치아우식증 등

3. 지원(신청)절차

▶ 국민건강보험공단에서 영유아건강검진 안내문을 영유아 가정에 발송하고, 영유아 가정은 가까운 검진기관을 방문하여 검진을 받음

4. 문의처

▶ 국민건강보험공단 ☎1577-1000
▶ 국민건강보험공단 건강iN 사이트(http://hi.nhis.or.kr)

만 6세 미만 아동 입원진료비 지원

1. 지원대상

만 6세 미만 영유아

2. 지원내용

입원진료비 전부 또는 일부를 면제해 드립니다.

3. 신청방법 및 문의

별도 신청 없이 지원(보건복지콜센터 ☎129)

취학전 아동 실명예방(취학전 아동 조기 시력 검진)

1. 지원대상

만 3~6세 아동

2. 지원내용

▶ 어린이집 아동 등에게 시력검진 및 눈 보건교육을 제공합니다.
▶ 저소득층 아동의 눈수술을 지원합니다.

3. 신청방법 및 문의

보건소 신청(보건복지콜센터 ☎129)

취학전 아동 단체 불소 도포

1. 지원대상

어린이집 · 유치원 아동

2. 지원내용

어린이집, 유치원을 방문하여 아동들의 충치 예방을 위해 치아에 불소제제를 덮어씌우고, 구강보건 교육을 제공합니다.

3. 신청방법 및 문의

보건소 신청(보건복지콜센터 ☎129)

초등 돌봄교실

1. 지원대상

▶ 오후돌봄 (방과후~17:00)
  − 맞벌이, 저소득층, 한부모가족 등 돌봄이 필요한 가정의 1~2학년 학생
  − 3학년 이상은 전년도에 오후돌봄에 참여한 학생들 학교 여건에 따라 최대한 수용

▶ 저녁돌봄 (17:00~22:00)
  − 오후돌봄에 참여한 학생 중 추가 돌봄이 필요한 맞벌이, 저소득층, 한부모가족의 학생
  ※ 3~4학년의 경우, '방과후학교 연계형 돌봄교실'에서 돌봄 수요를 충족

2. 지원내용

▶ 오후돌봄 : 인성과 창의성을 키우는 다양한 예체능활동, 숙제 · 독서 · 휴식 등 개인

활동 및 간식 지원서비스를 제공합니다.

▶ 저녁돌봄 : 독서 · 휴식 등 개인활동 및 급식 지원서비스를 제공합니다.

  ※ 급 · 간식비는 학부모 부담(단, 교육비 지원대상 학생은 무료)

  ※ 방과후 연계형 돌봄교실 : 방과 후 학교 프로그램 참여, 휴식, 숙제, 독서 등 개인
  활동

3. 신청방법 및 문의

재학 중인 초등돌봄교실 운영 학교

지역아동센터 지원

1. 지원대상

저소득층, 한부모가족, 다자녀가정, 맞벌이가정 등 방과후 돌봄이 필요한 18세 미만의
아동

2. 지원내용

아동보호(안전교육, 급식), 교육기능(일상생활 지도, 학습능력 제고), 정서적 지원(상담,
가족지원), 문화서비스(체험활동, 공연) 프로그램을 운영합니다.

  ※ 월~금요일을 포함하여 주5일, 1일 8시간 이상(필수시간 포함) 상시운영

3. 신청방법 및 문의

주민센터, 지역아동센터로 신청(보건복지콜센터 ☎129)

청소년 방과후 아카데미 운영지원

1. 지원대상

우선지원대상 : 기초생활수급대상, 차상위계층, 저소득층, 한부모 · 조손 · 다문화 · 장애 · 3자녀 이상 가정 등 방과후 돌봄이 필요한 초등 4학년~중학 3학년 청소년

2. 지원내용

일일 4시간, 6일 방과 후 아카데미를 운영(방학중에도 동일하게 운영)합니다.

▶ 전문체험활동(주중 주 4시간, 주말 월1회 5시간)

▶ 학습지원활동(교과학습 주 4시간, 보충학습 주 5시간)

▶ 자기개발(2시간 이상), 특별지원(캠프, 부모교육), 생활지원(급식, 상담, 건강관리) 등

3. 신청방법 및 문의

▶ 지역내 청소년수련관, 청소년문화의집

▶ 기타문의 : 한국청소년활동진흥원 방과후아카데미운영지원단 (☎02-330-2831~3)

- 복지로(www.bokjiro.go.kr) - 내게 맞는 복지서비스 찾기통합복지정보 사이트인 복지로에 접속한 후 복지서비스 찾기 메뉴를 이용하면 내가 받을 수 있는 모든 복지서비스를 확인할 수 있습니다.

- 희망의 전화 129 보건복지콜센터질병, 실직 등으로 생계가 어려울 때, 365일 24시간 상담서비스를 받을 수 있습니다.

- 주민센터(동 주민센터 및 읍·면 사무소)전화나 방문을 통해 복지 관련 상담과 직접적인 도움을 받을 수 있습니다.

- 시·군·구 희망복지지원단복합적 욕구를 가진 대상자에게 공공·민간의 급여, 서비스, 자원 등 복지대상자별 맞춤형 서비스를 제공합니다.

- 107 손말이음센터(www.relaycall.or.kr)각종 문의에서 쇼핑, 병원진료 예약, 구직, 회사 업무 통화, 가족,친구와의 연락까지 청각, 언어장애인의 귀와 입이 되어 드립니다.

- 워크넷(www.worknet.go.kr)국가 취업포털 사이트로 일자리 채용정보, 직업훈련, 실업대책, 고용보험 안내 등 다양한 고용정보로 취업에 도움을 드립니다.

- 마이홈포털(www.myhome.go.kr)임대주택, 주거급여, 주택금융, 행복주택, 뉴스테이 등 각종 주거복지 정보를 제공합니다.
  ※ '내게 맞는 주거복지 자가진단 서비스, 임대주택 찾기'와 같은 기능들이 제공됩니다.

※ 자료 수집 및 제공에 친절하게 도움주신 보건복지부 사회보장총괄과 이서진 전문위원님께 감사인사를 드린다.